Szenen 1

heute aktuell

場面で学ぶドイツ語

Shuko Sato
Kyoko Shimoda
Tomomi Okazaki
Gesa Oldehaver
Daniel Arnold
Thoralf Heinemann

SANSHUSHA

表紙の写真について

バンベルクにあるラオホビア（Rauchbier いぶしたモルトから作られる香りの強いビール）で歴史的に有名な店シュレンケルラの看板。

看板には、アンドレアス・シュレンケルラ・グラーザーを描写した像、その上の青いライオンは元々の家の名前を示すもので、この家については 1405 年に最初の記録が残されている。前左側の六画星形はフランケンビール製造者の伝統的なシンボルで、ビールシュテルン（ビールの星）、またはブラウアーシュテルン（ビール製造者の星）とも呼ばれている。

Im Ausleger befindet sich eine Darstellung von Andreas Graser, dem originalen „Schlenkerla". Darüber ein blauer Löwe als Hinweis auf den ursprünglichen Haus-Namen bei der ersten urkundlichen Erwähnung im Jahre 1405. Vorne links ein Hexagramm, das traditionelle Zeichen der fränkischen Bierbrauer, auch Bier- oder Brauerstern genannt.

音声ダウンロード＆ストリーミングサービス（無料）のご案内

http://www.sanshusha.co.jp/text/onsei/isbn/9784384123081

本書の音声データは、上記アドレスよりダウンロードおよびストリーミング再生ができます。ぜひご利用ください。

はじめに

本書は、少しずつ段階を踏みながら、学生が自分の日常生活をドイツ語で表現できるようになることを目指しています。外国語は、文法を頭で理解することも必要ですが、実際に声に出して練習し体で覚えることが大切です。隣の人とペアを組んで対話をしながら表現を覚え、また文法規則を応用できるようにしましょう。隣の人だけでなく、周囲の他の人たちとも対話してみましょう。

日常の表現には、文法的に理解しようとすれば、高度な説明が必要になるものが多くあります。しかし、それにこだわると、文法は学習したけれどドイツ語は全く使えない、ということにもなります。応用範囲の広い、重要な文法事項をしっかり覚えましょう。

人が一度に記憶できる文の長さは、6 ～ 7 語程度までと言われています。そこで本書では、その程度のごく短い文 6 つ位で対話を構成しました。本書は、翻訳を目的としていないので、長文の対話は載せていません。読む作業も、翻訳ではなく、内容のポイントを読み取ることを目指しています。ただし、内容を理解しているかどうかを確認するために、和訳が必要なこともあるでしょう。

文法事項は少しですが、テーマごとに学習する語彙数は多いかもしれません。しかし、すべてを暗記する必要はありません。各学生が自分の必要に応じて、聴いたり読んで理解できる語、自分が話したり書いたりできる語、参考のみにとどめる語などを選択しましょう。

では、楽しくドイツ語を学びましょう。

3度目の改訂にあたって

最初の『スツェーネン 場面で学ぶドイツ語』を出版したのが 1998 年、4 年後に最初の改訂（*Szenen 1 neu*）を、更に 2 年後に再改訂（*Szenen 1 integriert*）をしましたが、その後 10 年以上が経ちましたので、これまでの経験をもとに改善し、新しい試みを取り入れて、再度改訂することにしました。

基本的なコンセプトは変わっていませんが、文法事項の学習順序を変更し、早い段階で話法の助動詞と現在完了形を導入しました。聞くことを一層重視し、各課の導入部に聞き取り問題を入れ、読解力を養う読むテキストも増やしました。2 課終了毎に、学習者の言語活動の場を広げるための Wechselspiel や楽しく発音練習ができる早口言葉の頁を挿入しています。

著　者

Inhalt もくじ

S 言語行動　G 文法

ISLAND
SCHWEDEN
FINNLAND
ATLANTISCHER
OZEAN
NORWEGEN
Helsinki
Oslo
Stockholm
ESTLAND
RUSSLAND
NORDSEE
LETTLAND
DÄNEMARK
OSTSEE
LITAUEN
IRLAND
Dublin
Kopenhagen
GROSS-
BRITANNIEN
NIEDER-
LANDE
WEISSRUSSLAND
London
Amsterdam
Berlin
Warschau
Brüssel
DEUTSCHLAND
POLEN
BELGIEN
UKRAINE
LUXEMBURG
Prag
Paris
TSCHECHIEN
SLOWAKEI
LIECHTEN-
STEIN
Wien
Bratislava
MOLDAU
Budapest
Bern
ÖSTERREICH
FRANKREICH
SCHWEIZ
UNGARN
RUMÄNIEN
SLOWENIEN
KROATIEN
Bukarest
ITALIEN
BOSNIEN-
HERZEGOWINA
MONACO
SAN MARINO
JUGO-
SLAWIEN
BULGARIEN
PORTUGAL
ANDORRA
Sofia
VATIKAN-
STADT
Rom
Madrid
MAZEDONIEN
Lissabon
SPANIEN
ALBANIEN
TÜRKEI
GRIECHEN-
LAND
MITTELMEER
Athen
ZYPERN
MAROKKO
ALGERIEN
TUNESIEN
MALTA

ドイツ語を話す国々

	ドイツ Ⓓ **Deutschland**	オーストリア Ⓐ **Österreich**	スイス (CH) **die Schweiz**	リヒテンシュタイン (FL) **Liechtenstein**
首都	ベルリン **Berlin**	ウィーン **Wien**	ベルン **Bern**	ファドゥーツ **Vaduz**
面積	35 万 7000km²	8 万 4000km²	4 万 1000km²	160km²
人口	8460 万人	911 万人	890 万人	3.9 万人
通貨	ユーロ（**Euro**）	ユーロ（**Euro**）	スイスフラン（**sFr**）	スイスフラン（**sFr**）

*CH=Confoederatio Helvetica（ラテン語）スイス連邦

発　音

文字と音

CD1-01 001

ドイツ語には、英語と同じ 26 文字のアルファベットの他に、
Ä ä, Ö ö, Ü ü, ß の 4 種の特殊文字がある。

Aa	Bb	Cc	Dd	Ee	Ff
[aː]	[beː]	[tseː]	[deː]	[eː]	[ɛf]
Gg	Hh	Ii	Jj	Kk	Ll
[geː]	[haː]	[iː]	[jɔt]	[kaː]	[ɛl]
Mm	Nn	Oo	Pp	Qq	Rr
[ɛm]	[ɛn]	[oː]	[peː]	[kuː]	[ɛr]
Ss	Tt	Uu	Vv	Ww	Xx
[ɛs]	[teː]	[uː]	[faʊ]	[veː]	[Iks]
Yy	Zz	Ää	Öö	Üü	ß
[ʏpsilɔn]	[tsɛt]	[ɛː]	[øː]	[yː]	[ɛstsɛt]

発音

だいたいローマ字どおりに読めばよい。

CD1-02 002

母音は、日本語よりも唇を意識して大きく動かす。a は口を大きく開き、e と i は唇を強く横へ引き、o と u は唇を円くする（☞ 7 ページ）。母音の長さとアクセントの位置に注意する。

母音とアクセント

アクセントは、原則として最初の母音にある。

CD1-03 003

後の子音がひとつのときは、母音が長い。	Name	lesen	China	Brot	gut
後の子音が重なるときは、母音が短い。	hallo	essen	bitte	kommen	Nummer
母音の後に h があると、母音が長い。	fahren	gehen	Ihnen	wohnen	Uhr

二重母音

二重母音は、ローマ字読みと異なるので注意。

CD1-04 004

ei	[aɪ アィ]	Eis	Reis	Arbeit	
au	[au アゥ]	Auto	Frau	Haus	
eu	[ɔʏ オィ]	Europa	Deutsch	Leute	
ie	[iː イー]	Bier	Liebe	Batterie	
ie	[iə イエ]	語末、アクセントがないとき	Familie	Italien	Spanien

ドイツ語の特殊文字

CD1-05 005

ä	[ɛː/ɛ]	日本語のエと同じ発音	Käse	Gelände
ö	[øː/œ]	唇を円くしてエと発音	schön	Köln
ü	[yː/ʏ]	唇を円くしてイと発音	Schüler	fünf
äu	[ɔʏ オィ]	eu と同じ発音	Fräulein	Häuser

語末の r, er

CD1-06 006

語末の r、er は母音化。口を小さくしてアと発音。

r	[ɐ̯]	er	Bier
er	[ɐ]	Mutter	Kinder

子音

CD1-07 007

異なる子音が重なるとき、
間に母音を発音しないように注意。

ch	[x] 口の奥の方でハ、ホと発音			
		acht Koch	Buch	auch
	[ç] a、o、u、au の後以外はヒと発音			
		sprechen	nicht	Milch
ig	[ɪç イッヒ]	dreißig	richtig	
chs	[ks クス]	sechs	Fuchs	
x	[ks クス]	Taxi	Text	
v	[f]	Vater	vier	
w	[v]	Wein	Wien	
pf	[pf] [f] の口の形で [p] と発音		Apfel	Pflege
j	[j] 日本語のヤ、ユ、ヨの音		Japan	Juli
s	[z] 後に母音があるとき有声		Salat	Suppe
s	[s] 語末、音節末のとき無声		Reis	Hausfrau
ss	[s]	Wasser	essen	
ß	[s]	heißen	groß	
sp	[ʃp シュプ]	sprechen	Sport	
st	[ʃt シュト]	Student	Stunde	
sch	[ʃ シュ]	Englisch	Schinken	
tsch	[tʃ チュ]	Deutsch	tschüs	
dt	[t]	Stadt	Schmidt	
th	[t]	Theater	Bibliothek	
z	[ts ツ]	zwei	tanzen	
tz	[ts ツ]	jetzt	Platz	

語末，音節末の b, d, g

語末、音節末の b、d、g は無声。

b	[p]	halb	siebzehn
d	[t]	Abend	freundlich
g	[k]	Tag	mittags

ドイツ語の母音
唇の形と舌の位置

CD1-02 002

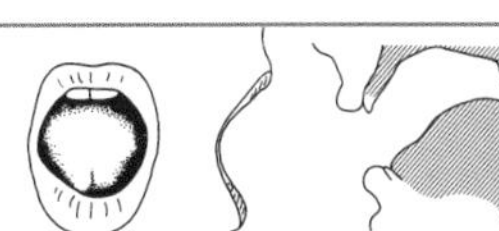

a

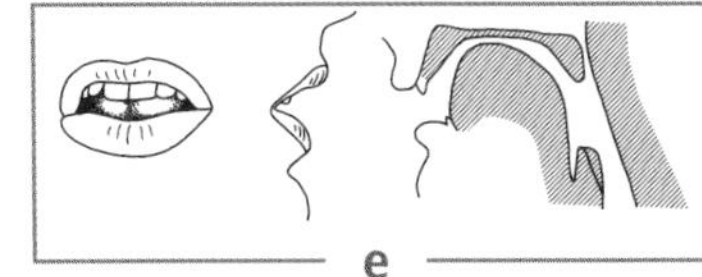

e

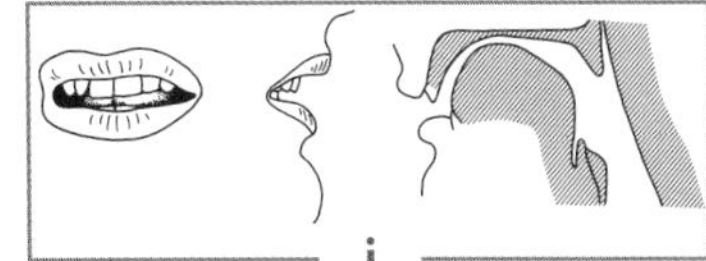

i

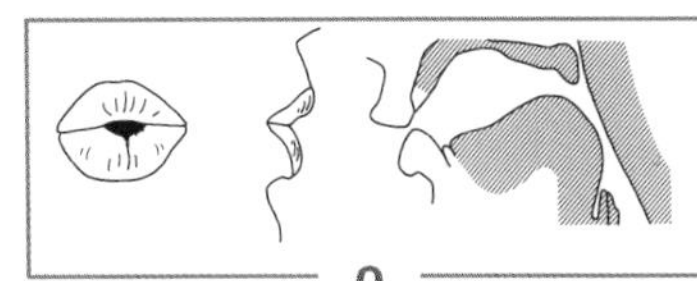

o

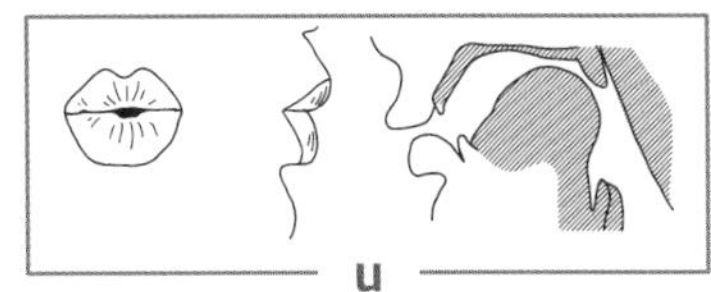

u

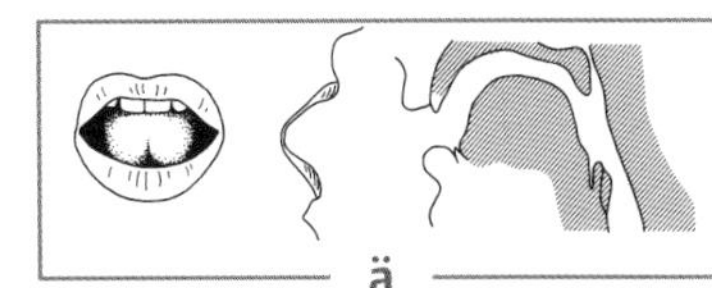

ä

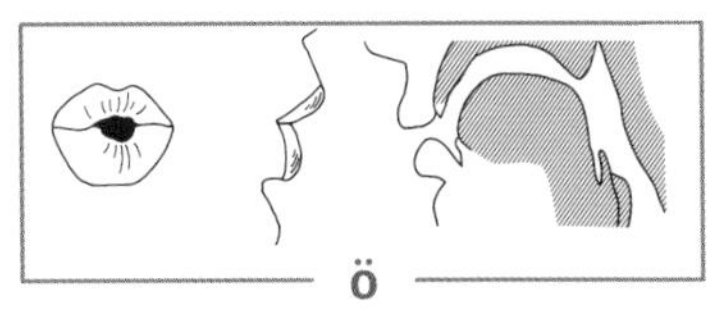

ö

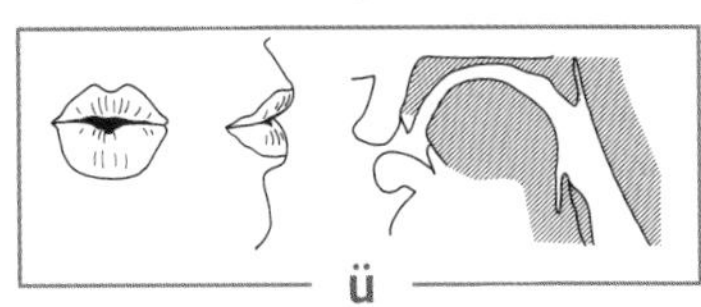

ü

1 Kennenlernen

Begrüßung und Verabschiedung あいさつと別れ

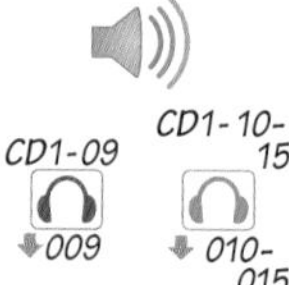

CD1-09 009 CD1-10-15 010-015

対話を聞いて、当てはまるイラストに対話の番号を書き入れなさい。
Hören Sie die Dialoge 1-6 und ordnen Sie zu.

Guten Morgen!
Morgen!*
Hallo!* ☐

Guten Tag!
Tag!*
Hallo!* ☐

Guten Abend!
'n Abend!*
Hallo!* ☐

Gute Nacht!
Nacht!* ☐

Auf Wiedersehen! ☐

Tschüs!* ☐

*親しい間柄で

CD1-16 016

Zahlen 0-10 数

0 null　1 eins　2 zwei　3 drei　4 vier　5 fünf

6 sechs　7 sieben　8 acht　9 neun　10 zehn

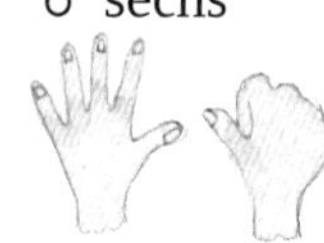

CD1-17 017

略語を聞いて書き取りなさい。また、当てはまるイラストに番号をつけなさい。
Hören und schreiben Sie. Dann ordnen Sie den Bildern zu.

1) ____________ 2) ____________ 3) ____________ 4) ____________ 5) ____________
6) ____________ 7) ____________ 8) ____________ 9) ____________ 10) ____________

 ☐

☐

 ☐

 ☐

 ☐

☐

☐

☐

 ☐

☐

1. Wie heißen Sie? お名前は

CD1-18 018

Dialog 1

Guten Tag, ich heiße Müller.
Wie heißen Sie?
Guten Tag,
mein Name ist Kobayashi.

Übung 1 上の対話にならって、クラスメート5人と自己紹介をしなさい。
Machen Sie sich mit 5 Personen bekannt.

2. Buchstabieren Sie bitte! スペルを言ってください

CD1-19 019

Dialog 2

Übung 2 上の対話にならって自分の名前をドイツ語のスペルで言いなさい。
Sprechen Sie den Dialog mit Ihrem Namen.

Übung 3 音声を聞いて、名前を書き取りなさい。Wie heißen die Personen?

CD1-20-24 020-024

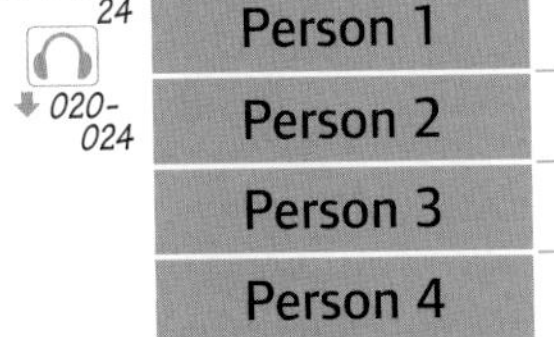

Person 1	_ _ _ _ _ _	_ _ _ _ _ _ _ _
Person 2	_ _ _ _ _ _	_ _ _ _ _ _
Person 3	_ _ _ _ _ _	_ _ _ _ _ _
Person 4	_ _ _ _ _ _	_ _ _ _ _
Person 5	_ _ _ _ _ _	_ _ _ _ _ _

CD1-25 025 音声を聞き、発音しなさい。Hören Sie und sprechen Sie nach.

Übung 4 ペアで互いに有名人の名前をスペルで言い、当てなさい。
Buchstabieren Sie Ihrem Partner/Ihrer Partnerin eine berühmte Persönlichkeit Ihrer Wahl.

heißen の現在人称変化

ich	heiße
Sie	heißen

ich 私
heißen （という）名である
wie （英 *how*） どのように
Sie あなた／あなたがた
mein （英 *my*） 私の
r Name, -n 名前
ist （英 *is*） …である

* ich は文頭以外は小文字で、Sie は常に大文字で書く。

* ドイツ語は固有名詞だけでなく、普通名詞も語頭を大文字で書く。

Wie bitte? なんとおっしゃいましたか

Buchstabieren Sie bitte! （命令文 ☞ 81 ページ）

Aussprache CD1-26 026

長母音

a	[aː]	Name, Tag
e	[eː]	Thema, lesen
i	[iː]	Titel, Berlin
o	[oː]	Dialog, wo
u	[uː]	du, gut

du 君
oder（英 *or*）それとも
und（英 *and*）そして
Noch einmal bitte!
もう一度お願いします。
das［指示代名詞］
（前の語を受けて）それ

dein 君の
ja（英 *yes*）はい

＊Sie と du
2人称は親しさの程度によって使い分ける。家族、親しい友人、学生同士、15歳以下の子供と話すときには、du を、それ以外では Sie を使う。

sein（英 *be*）の現在人称変化	
ich	bin
Sie	sind
mein Name	ist

3. Familienname oder Vorname? 名字ですか、名前ですか

CD1-27 027

Dialog 3

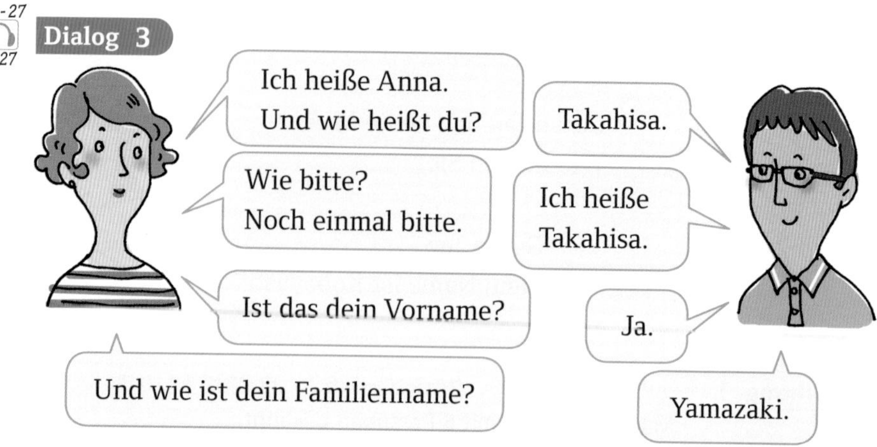

Ich heiße Anna.
Und wie heißt du?
Takahisa.
Wie bitte?
Noch einmal bitte.
Ich heiße Takahisa.
Ist das dein Vorname?
Ja.
Und wie ist dein Familienname?
Yamazaki.

Übung 5 下のリストの中から、好きな姓と名前を組み合せて自分の名刺を5枚作り、互いに自己紹介して名刺を交換しなさい。Wählen Sie einen beliebigen Vornamen und Familiennamen aus der Liste unten. Machen Sie 5 Visitenkarten. Gehen Sie durch die Klasse, stellen Sie sich gegenseitig vor und tauschen Sie Ihre Visitenkarten.

CD1-28-30 028-030

Vorname ♂		Familienname			Vorname ♀	
Lukas	Jonas	Bach	Meier	Klein	Leonie	Laura
Leon	Tim	Bauer	Fischer	Groß	Hannah	Emily
Luca	Luis	Schneider	Müller	Peters	Anna	Lara
Finn	Jan	Wagner	Schmidt	Bayer	Lea	Sophie
Niklas	Paul	Richter	Hübner	König	Lena	Marie

4. Sind Sie Herr Meier? マイヤーさんですか

CD1-31 031

Dialog 4

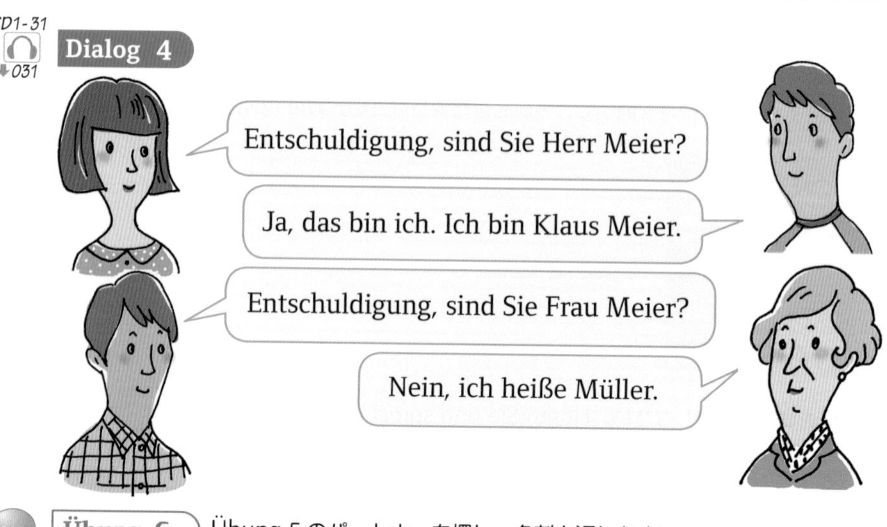

Entschuldigung, sind Sie Herr Meier?
Ja, das bin ich. Ich bin Klaus Meier.
Entschuldigung, sind Sie Frau Meier?
Nein, ich heiße Müller.

Entschuldigung
すみません（が）
Herr ...（英 *Mr.*）…さん
Frau ...（英 *Ms.*）…さん
（姓の前につける敬称）
nein（英 *no*）いいえ

Übung 6 Übung 5のパートナーを探し、名刺を返しなさい。Suchen Sie Ihre Partner aus Übung 5 und tauschen Sie die Karten zurück.

Aussprache CD1-32 032
短母音

a	[a]	Nacht, danke
e	[ɛ]	Ende, es
i	[ɪ]	bitte, ich
o	[ɔ]	kommen, Koch
u	[ʊ]	und, Nummer

5. Woher kommen Sie? ご出身は

CD1-33 033

Dialog 5

Kommst du aus Tokyo, Sayaka?

Nein, ich komme nicht aus Tokyo.
Ich bin aus Sapporo.
Und du? Woher bist du?

Ich komme aus Hamburg.

kommen の現在人称変化	
ich	komme
du	kommst
Sie	kommen

kommen 来る
nicht （英 *not*） …ない
aus ... …から
woher どこから

sein の現在人称変化	
du	bist

Übung 7 クラスメートと、自分の出身地（市町村）を話しなさい。出身地が同じだったら、auch を入れます*。先生には、Sie を使って尋ねなさい。
Fragen Sie Ihre Nachbarn (du) und Ihre/n Lehrer/in (Sie).

auch …も（また）
*Ich komme auch aus Tokyo.
私も東京出身です。

6. Wo wohnen Sie? お住まいは

CD1-34 034

Dialog 6

Wo wohnst du?

In Freiburg. Und du?

Ich wohne auch in Freiburg.

wo どこに
wohnen 住む
in ... …に

Übung 8 クラスメートに住んでいる所を尋ねなさい。
Fragen Sie sich gegenseitig in der Klasse.

Übung 9 都市の名前とその郵便番号を聞き取りなさい。
Wie heißen die Städte und ihre Postleitzahlen?

CD1-35-37 035-037

	Postleitzahl	Stadt
Dialog 1	_ _ _ _	_ _ _ _ _ _ _ _ _
Dialog 2	_ _ _ _ _	_ _ _ _ _ _ _ _ _ _
Dialog 3	_ _ _ _ _	_ _ _ _ _ _ _ _ _ _

e Stadt, ¨-e 町、都市
PLZ (*e* Postleitzahl)
郵便番号

Übung 10 表紙裏のドイツ語圏地図を見て、聞き取った都市の場所を探しなさい。
Suchen Sie nun die Städte auf der Karte vorne und kontrollieren Sie.

Aussprache CD1-38 038

語頭、母音の前の b, d, g
b [b] Abend, bitte, blond
d [d] danke, du, drei
g [g] Morgen, gut, Groß

母音の前の s
s [z] Sie, sind

語末、子音の前の b, d, g, s
b [p] halb, siebzig
d [t] Abend, und
g [k] Tag, Dialog
s [s] aus, kommst

7. Wie geht es Ihnen? お元気ですか

CD1-39 ⬇039

Dialog 7

Guten Tag, Herr Yamazaki.

Auch gut, danke.

Guten Tag, Frau Müller.

Übung 11 上の例にならって先生と会話をしなさい。
Machen Sie einen Dialog mit Ihrem Lehrer/Ihrer Lehrerin.

CD1-40 ⬇040

Dialog 8

Tag, Sophie.
Danke, gut. Und dir?

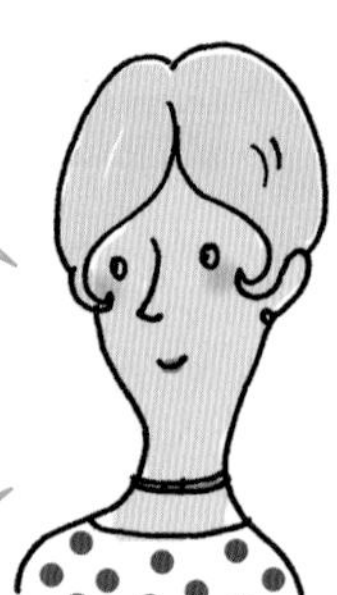

Hallo, Daisuke. Wie geht's dir?
Es geht.

Übung 12 グループで尋ね合いなさい。左の表現を使い、各人が他の人とは違う答えをしなさい。Fragen Sie sich gegenseitig in Gruppen. Variieren Sie die Antworten.

Übung 13 5つの対話を聞いて左側欄のイラストにあてはまる対話の番号を書きなさい。Wie geht es den Personen? Hören Sie 5 Dialoge und ordnen Sie den Illustrationen links zu.

CD1-41-45

⬇041-045

Übung 14 音声を聞き、例にならって、アクセントのある母音の上に ′ をつけなさい。
Hören Sie und markieren Sie den Akzent.

CD1-46 ⬇046

1. Ábend	2. Morgen	3. Wiedersehen	4. Entschuldigung
5. Japan	6. Vorname	7. Familienname	8. buchstabieren
9. Ihnen	10. woher	11. Freiburg	12. Hamburg

---

gehen の現在人称変化
es geht

gehen 行く

es ［人称代名詞３人称単数中性］（ここでは形式主語）

Ihnen あなた［がた］に ［Sie の３格］

gut 良い、元気な

geht's = geht es

dir 君に ［du の３格］

Danke, sehr gut.

□

Gut, danke.

□

Ganz gut.

□

Es geht.

□

Nicht so gut.

□

Aussprache CD1-47 ⬇047

ah [aː] fahren, Zahl
eh [eː] gehen, sehen
ih [iː] Ihnen, ihr
oh [oː] wohnen
*woher ← wo+her
uh [uː] Uhr, Ruhe
ie [iː] wie, Sie, vier
*アクセントがない時
ie [iə] Familie, Italien

8. Zahlen 11-100 000 数

Übung 15 規則をみつけて空欄に記入しなさい。Vervollständigen Sie die Liste.

)1-48 048

11 elf	21 ein*und*zwanzig	40 vierzig
12 zwölf	22 zwei*und*________	50 ________
13 dreizehn	23 drei________	60 sechzig
14 ________	24 ________	70 siebzig
15 ________	25 ________	80 achtzig
16 sechzehn	26 sechs*und*________	90 ________
17 siebzehn	27 sieben________	100 (ein)hundert
18 ________	28 ________	1 000 (ein)tausend
19 ________	29 ________	10 000 zehntausend
20 zwanzig	30 dreißig	100 000 hunderttausend

0-100までの好きな数字を記入。音声を聞いてチェック。縦、横、または対角線に数が4つ並んだら Bingo!

9. Wie ist Ihre Telefonnummer? お電話番号は

:D1-49 049

Dialog 9

Wie ist deine Telefonnummer?

Meine Handynummer ist 020-3842-1631.

e Nummer, -n (英 *number*) 番号
s Handy, -s 携帯電話

e Vorwahl, -en 市外局番

Übung 16 好きな電話番号を考えて互いに尋ねなさい。学籍番号も尋ねなさい。
Denken Sie sich Telefonnummern aus und fragen Sie danach.
Fragen Sie auch nach der Studentennummer.

Übung 17 対話を聞いて電話番号をメモしなさい。
Hören Sie und notieren Sie die Telefonnummern.

:D1-50-53 050-053

	Vorwahl	Telefonnummer
Dialog 1	_ _ _ _ _	_ _ _ _ _ _ _
Dialog 2	_ _ _ _	_ _ _ _ _ _ _ _ _ _
Dialog 3	_ _ _ _	_ _ _ _ _ _ _ _ _
Dialog 4	_ _ _	_ _ _ _ _

Übung 18 もう一度対話を聞いて、都市名を聞き取りなさい。
Wie heißen die Städte? Hören Sie noch einmal.

1. ☐ Freiburg ☐ Wolfsburg
2. ☐ London ☐ Somerset
3. ☐ Madrid ☐ Mainz
4. ☐ Münster ☐ München

Aussprache CD1-55 055

- ch [x] auch, Nacht, Buch, Koch
- ch [ç] nicht, sechzig, München
- chs [ks] sechs, wechseln
- * machst → mach+st
- ig [ıç] zwanzig, dreißig

10. Europa ヨーロッパ

Übung 19 国はどこにありますか。地図の番号を書きなさい。Ordnen Sie zu.

CD1-56 056

- □ Belgien
- □ Dänemark
- □ Deutschland
- □ England
- □ Frankreich
- □ Italien
- □ Liechtenstein
- □ Luxemburg
- □ Österreich
- □ Polen
- □ Portugal
- □ Spanien
- □ Tschechien
- □ die Niederlande
- □ die Schweiz

①②③④⑤⑥⑦⑧⑨⑩⑪⑫⑬⑭⑮

11. Was kostet die Reise? 旅行はいくらですか

Übung 20 広告を読み、下の例にならって対話しなさい。
Lesen Sie die Anzeigen und fragen Sie sich gegenseitig.

Spanien 7 Tage 389,-€	Frankreich 6 Tage 573,-€	England 2 Tage 245,-€	Italien 8 Tage 430,-€
Portugal 9 Tage 519,-€	Schweiz 4 Tage 607,-€	Tschechien 10 Tage 741,-€	Japan 14 Tage 1.862,-€

CD1-57 057

○ Was kostet die Spanienreise?

● Die Spanienreise kostet 389 Euro.

○ Wie lange ist die Reise?

● 7 Tage.

Übung 21 対話を聞き、問いに答えなさい。
Hören Sie das Gespräch und beantworten Sie die Fragen.

CD1-58 058

1. Wohin fahren Karin und Lisa?
   □ England □ Frankreich □ Russland □ Italien
2. Was kostet die Reise?
   □ 435 Euro □ 312 Euro □ 760 Euro □ 98 Euro □ 835 Euro
3. Die Internet-Adresse ist ______________________
4. Die Telefonnummer ist ______________________

was（英 *what*）何
e Reise, -n 旅行

kosten の現在人称変化	
er / es / sie	kostet

kosten （値段は）…である
r Tag, -e 日
r Euro ユーロ
wie lange どれくらい（の期間）
wohin どこへ
fahren （乗り物で）行く
@ at アットマーク
. Punkt ドット
- Strich ハイフン

Aussprache CD1-59 059

ウムラウト 長母音

ä [ɛː] Dänemark, Märchen
ö [øː] Österreich, schön
ü [yː] Zürich, Süd

ウムラウト 短母音

ä [ɛ] Gelände, Städte
ö [œ] Köln, zwölf
ü [ʏ] München, Müller, fünf

1. 動詞の現在人称変化

動詞は、主語の人称と数によって、語尾が変わる。辞書に記載されている形を不定詞といい、主語によって語尾変化したものを定動詞という。動詞の意味を担う部分を語幹という。

komm *en*
語幹 語尾

人称代名詞 1 格（は、が）

ich 私		wir 私たち	
du 君		ihr 君たち	
Sie あなた、あなたがた			
er かれ、それ			かれら、
es それ		sie	それら、
sie 彼女、それ			彼女ら

Grammatik

規則動詞の現在人称変化

kommen（不定詞）

	単数	複数
1 人称	ich komme	wir kommen
2 人称	du kommst	ihr kommt
	Sie kommen	
3 人称	er/es/sie kommt	sie kommen

不規則動詞 sein（英 ***be***）の現在人称変化

sein（不定詞）

単数	複数
ich bin	wir sind
du bist	ihr seid
Sie sind	
er/es/sie ist	sie sind

heißen のように語幹が -s, -ß, -z で終わる動詞は、du が主語のとき、s を省き t だけつける。

du hei**ß**t du rei**s**t du tan**z**t

2. 疑問文

① 疑問詞で始まる疑問文は、疑問詞の次に定動詞がくる。

疑問詞＋定動詞 … *Wie* **heißen** Sie? *Wie* **ist** Ihr Name bitte?
Wie **geht** es Ihnen? *Woher* **kommen** Sie?
Wo **wohnst** du?

② 疑問詞のない疑問文（**ja**, **nein** で答える）は、定動詞が文頭にくる。

定動詞＋主語 … **Sind** *Sie* Herr Meier? **Ist** *das* dein Vorname?
Kommst *du* aus Japan? **Wohnen** *Sie* in Freiburg?

3. 名詞の性と冠詞

名詞は、男性名詞（*r*）、中性名詞（*s*）、女性名詞（*e*）に分かれる。
名詞の性、数、格によって、冠詞の語尾が変わる。

名詞の性と定冠詞（英 *the*）、所有冠詞（英 *my, your* など）1（主）格

男性名詞		中性名詞		女性名詞		複数	
der	Name	das	Auto	die	Nummer	die	Autos
mein / dein		mein / dein		meine / deine		meine / deine	
Ihr		Ihr		Ihre		Ihre	

所有冠詞

mein 私の
dein 君の
Ihr あなた［がた］の
sein かれの、その
ihr 彼女の、その
unser 私たちの
euer 君たちの
ihr かれらの、彼女らの、それらの

＊合成語の場合には、最後の語の性になる。

die Familie + **der** Name → **der** Famili**en**name
das Telefon + **die** Nummer → **die** Telefonnummer

＊国名、都市には冠詞が付かない。

例外 die Schweiz, die Niederlande（複数形）

辞書を引いてみよう

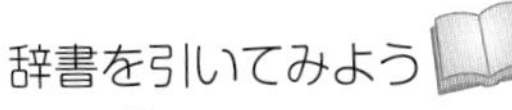

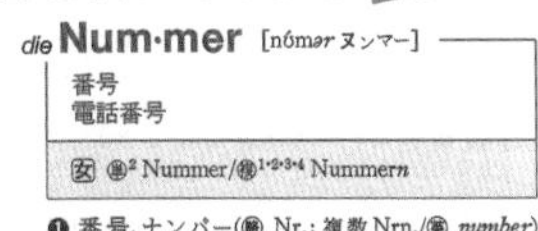

die **Num·mer** [nʊ́mər ヌンマー]
番号
電話番号
㊛ ㊁² Nummer/㊥¹·²·³·⁴ Nummern
❶ 番号, ナンバー(㊙ Nr.; 複数 Nrn./㊥ *number*)
▷eine hohe 〈niedrige〉 *Nummer* 数の大きい〈小

「新アクセス独和辞典」より

2 Länder, Sprachen, Studium

音声を聞いて、空欄を補いなさい。Hören Sie die Texte und ergänzen Sie.

CD1-60

060

Das ist Herr ______________.
Er ist ______________ und kommt aus ______________.
Er wohnt aber jetzt in ______________.
Er spricht ______________ und ______________.

aber しかし
jetzt 今

CD1-61

061

Das ist Frau ______________.
Sie ist ______________.
Sie wohnt aber jetzt in *Italien*, in Rom.
Sie spricht ______________ und ______________.

CD1-62
062

Das sind ______________ und ______________.
____________ ist ____________, aber er wohnt jetzt in ____________.
____________ wohnt auch in ____________, aber sie ist ____________.

Felix Blum Krause Maria	Italienerin Deutscher Österreicher Schweizerin	Deutschland England ~~Italien~~	Englisch Deutsch Italienisch

上の語彙を使って、表の空欄を補いなさい。それから音声を聞いて、発音しなさい。
Ergänzen Sie die Tabelle mit Wörtern aus den Texten oben. Dann hören Sie und sprechen Sie nach.

CD1-63-65
063-065

Länder 国名		Nationalität 国籍 ♂	♀	Sprachen 言語
			Deutsche	
Österreich			Österreicherin	Deutsch
die Schweiz		Schweizer		Deutsch*
		Engländer	Engländerin	
		Italiener		
Japan		Japaner	Japanerin	Japanisch

*スイス：地域により、4つの公用語がある。ドイツ語圏（63.7%）・フランス語圏（20.4%）・イタリア語圏（6.5%）・レトロマン語圏（0.5%）

1. Das ist Herr Fischer. こちらはフィッシャーさんです

CD1-66 066

Dialog 1

Guten Tag.
Das ist Herr Fischer.
Das ist Frau Tanaka.

Freut mich.
Grüß Gott,
Frau Tanaka.

Guten Tag,
Herr Fischer.

Übung 1 グループになり、他者を引き合わせる対話をしなさい。
Machen Sie ähnliche Dialoge zu dritt.

Übung 2 下の絵を見て、適切な答えを選び、対話し、音声を聞いて確認しなさい。
Ordnen Sie zu, sprechen Sie und hören Sie zur Kontrolle.

CD1-67 067

○ Woher kommt Frau Müller?	● Sie wohnt in Zürich.
○ Wo wohnt Frau Klein?	● Ja, sie kommt aus Freiburg.
○ Wer kommt aus Köln?	● Sie kommt aus Salzburg.
○ Kommt Frau Klein aus Freiburg?	● Herr Meier kommt aus Köln.

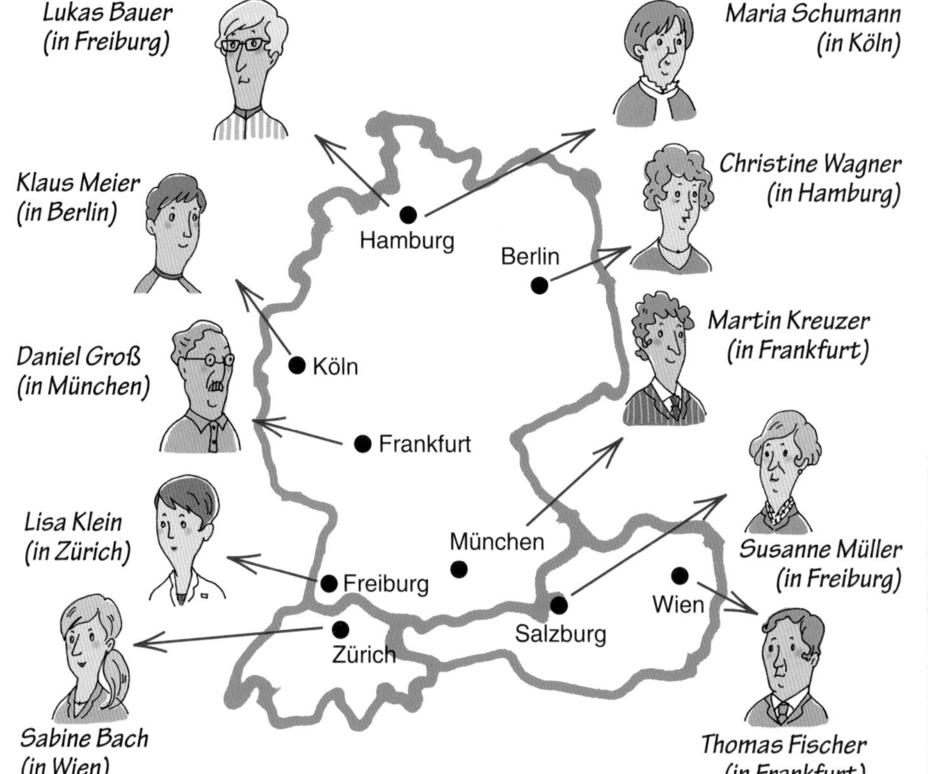

das [指示代名詞]
（人やものを指して）これ、それ、あれ、これら、それら、こちら・そちら・あちらのかた

Freut mich.
はじめまして。

Grüß Gott.
（南ドイツ・オーストリアで）こんにちは。

kommen の現在人称変化	
er / sie	kommt
sie	kommen

人称代名詞３人称
１格（は、が）
- er かれ、それ
- sie 彼女、それ
- sie かれら、それら

wer 誰が （１格）

Aussprache CD1-68 068

二重母音

au [au̯]	auch, aus, Frau, Auto
ei [ai̯]	mein, nein, eins, heißen
eu [ɔy̯]	Europa, neun, Deutschland
äu [ɔy̯]	Häuser, Verkäufer

sprechen の現在人称変化	
du	spr*i*chst
er / sie	spr*i*cht

sprechen 話す
*不規則動詞

du と 3 人称単数で語幹の e が i に変わる。

ein bisschen 少し
leider 残念ながら

2. Sprechen Sie Spanisch? スペイン語を話しますか

CD1-69 ⬇069

Dialog 2

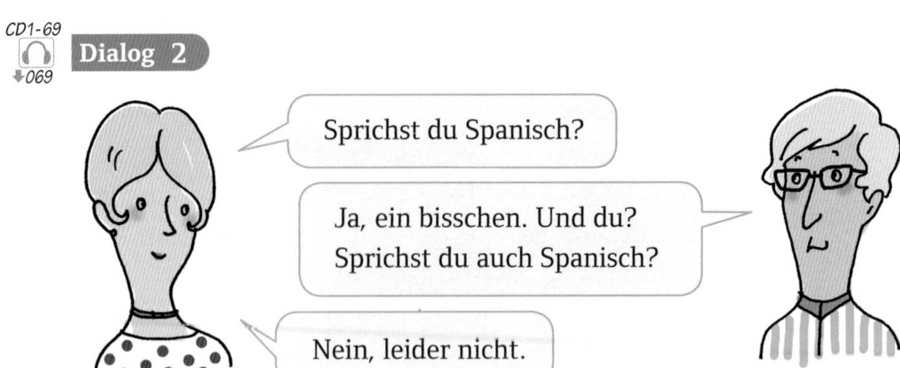

Sprichst du Spanisch?
Ja, ein bisschen. Und du? Sprichst du auch Spanisch?
Nein, leider nicht.

Übung 3 下の言語と 16 ページの言語を使い、上の例にならって対話しなさい。Machen Sie ähnliche Dialoge. Benutzen Sie die Vokabeln unten und auf Seite 16.

CD1-70-72 ⬇070-072

Länder, Nationalitäten, Sprachen

Amerika Amerikaner Englisch	Korea Koreanerin Koreanisch	Frankreich Französin* Französisch
Spanien Spanierin Spanisch	China Chinese* Chinesisch	Russland Russe* Russisch

* Chinese/Chinesin Französe/Französin Russe/Russin

lernen 学習する、勉強する

3. Lernen Sie auch Deutsch? あなたもドイツ語を学んでいますか

CD1-73 ⬇073

Dialog 3

Lernst du Deutsch?

Ja. Lernst du auch Deutsch?

Ja, ich lerne Deutsch und Englisch.

Aussprache CD1-74 ⬇074

s	[s]	eins, machst
	[z]	Soziologie, sehr
st	[ʃt]	studieren, Stadt
sp	[ʃp]	sprechen, Spanisch
sch	[ʃ]	Englisch, Geschichte
ss	[s]	Russisch, bisschen
ß	[s]	heißen, groß

Übung 4 上の言語と 16 ページの言語を使い、対話しなさい。Fragen Sie sich gegenseitig. Benutzen Sie die Vokabeln oben und auf Seite 16.

4. Was studieren Sie? あなたの専攻は何ですか

CD1-75 075

Dialog 4

Was studierst du?

Ich studiere Soziologie.

Übung 5 いろいろな専攻を使って対話練習しなさい。
Machen Sie ähnliche Dialoge mit verschiedenen Studienfächern.

Übung 6 専攻名を1つ書いたカードを3枚作り、下の対話例にならって、できるだけ多くの人に尋ねなさい。答えが当たったらそのカードをもらいます。カードを一番多く集めるのは誰ですか。手持ちの3枚のカードが最初になくなるのは誰ですか。

CD1-76 076

Machen Sie 3 Karten und schreiben Sie auf alle Karten je ein Studienfach. Dann fragen Sie möglichst viele Partner wie im Dialog unten. Wenn Sie richtig raten, bekommen Sie die entsprechende Karte des Partners. Wer bekommt die meisten Karten? Wer verliert seine 3 Karten am schnellsten?

○ Studierst du Physik?
● Ja, ich studiere Physik. （カードを渡す）
● Nein, ich studiere Psychologie. （カードを渡さない）

5. Ausländische Studenten in Deutschland ドイツの留学生

Lesetext

CD1-78 078

In Deutschland gibt es 2.863.609 Studenten. Davon sind 393.579 aus dem Ausland, also ca. 14%. Viele kommen aus China (ca. 35.000) und aus Russland (ca. 11.000). So wie Chang Gao und Evgeniy Iwanow. Chang Gao kommt aus Shanghai und studiert seit zwei Jahren in München Architektur. Sein Freund Evgeniy kommt aus Moskau. Auch er studiert seit drei Monaten in München. Er studiert BWL. Chang Gao spricht schon sehr gut Deutsch. Evgeniy spricht noch nicht so gut, aber zusammen sprechen sie meistens Deutsch. Chang Gao studiert nächstes Jahr ein Semester in Spanien. Er lernt jetzt Spanisch.

(aus: *Statistisches Jahrbuch 2019*)

Übung 7 上の文を読み、内容について少なくとも4つ疑問文を作りなさい。
Lesen Sie den Text und bilden Sie mindestens 4 Fragesätze dazu.

studieren 専攻する、大学で学ぶ、研究する

CD1-77 077

s Studienfach, ¨-er 専攻、専門
Soziologie 社会学
Anglistik 英語英文学
Germanistik 独語独文学
Geschichte 歴史学
Japanologie 日本学
Pädagogik 教育学
Psychologie 心理学
Jura 法学
Wirtschaft 経済学
BWL=**B**etriebs**w**irtschafts**l**ehre 経営学
Kunst 美術、芸術
Tiermedizin 獣医学
Pharmazie 薬学

ausländisch 外国の
es gibt ... …がある、いる
davon そのうち
s Ausland 外国
also つまり、すなわち
viele 多くの（人々）
ca. 約
so wie ... …のように
seit zwei Jahren 2年来
Architektur 建築学
seit drei Monaten 3か月来
r Freund, -e 友人（男性）
schon すでに
sehr とても
gut 上手に
noch まだ
nicht so gut あまり上手ではない
zusammen 一緒に
meistens たいてい
nächstes Jahr 来年
s Semester, - 学期

Aussprache CD1-79 079

sch [ʃ] Schneider, Wirtschaft
tsch [tʃ] Deutsch, tschüs

6. Was machen Sie hier? ここで何をしていますか

machen する
hier（英 *here*）ここで

ihr 君たち（du の複数）

動詞の現在人称変化 ２人称（親称）複数
ihr ⎡ macht ⎣ lernt

* studieren は専攻科目に、外国語には lernen を使う。

CD1-80 ↓080

Dialog 5

Was machst du hier, Daisuke?

Ich studiere Musik und lerne Deutsch. Und was macht ihr?

Tim und ich studieren BWL.
Und wir lernen jetzt Japanisch.

Ach so, ihr lernt Japanisch. Ich auch.
Aber ich studiere Pharmazie.

Übung 8 4人グループで、専攻科目や言語を変えて対話しなさい。
Machen Sie ähnliche Dialoge zu viert.

Übung 9 音声を聞き、空欄を補いなさい。
Hören Sie und ergänzen Sie. Was studieren die Leute?
Woher kommen sie und welche Sprache lernen sie?

CD1-81 ↓081

	Alex	Johanna	Philipp	Angela
Studienfach		Medizin		
Geburtsort	Frankfurt			Wien
Fremdsprache			Russisch	

r Geburtsort, -e
出生地
e Fremdsprache, -n
外国語
Medizin 医学

Übung 10 音声を聞き、アクセントの位置の正しいほうに×をつけなさい。
Wo ist der Satzakzent? Hören Sie und kreuzen Sie an.

CD1-82 ↓082

1. □ Ích auch. / □ Ich áuch.
2. □ Búchstabieren Sie bitte. / □ Buchstabíeren Sie bitte.
3. □ Wohér kommen Sie? / □ Woher kómmen Sie?
4. □ Ich lerne aber auch Énglisch. / □ Ich lerne aber áuch Englisch.
5. □ Wie ist deine Telefónnummer? / □ Wie ist deine Telefonnúmmer?

Aussprache CD1-83 ↓083
x [ks] Luxemburg, Examen, Taxi, Text

7. Wir haben heute Deutsch. 今日はドイツ語の授業があります

CD1-84 084

Dialog 6

Ist heute Mittwoch?

Ja, natürlich!

Oh. Heute habe ich Mathe und Literatur. Was hast du denn heute, Daisuke?

Ich habe heute Sport. Und was hat Tim heute?

Er hat heute BWL und Informatik.

haben（英 *have*）の現在人称変化	
du	hast
er / sie	hat

*haben は、du と 3 人称単数のみ、不規則となる。

heute 今日
natürlich もちろん
Mathe (=Mathematik) 数学
Literatur 文学
denn いったい
Informatik 情報学

CD1-85 085

Wochentage

Montag - Dienstag - Mittwoch - Donnerstag - Freitag - Samstag - Sonntag

r Wochentag, -e 曜日、ウィークデー

Übung 11 自分の欄に記入し、今日と明日、何の授業があるか、対話しなさい。
Ergänzen Sie die Tabelle und machen Sie ähnliche Dialoge wie oben.

	heute			morgen		
	Peter	Anna	ich	Peter	Anna	ich
1	Englisch	BWL		Japanisch		
2	Mathe	Literatur			Psychologie	
3	Literatur			Informatik	Pädagogik	
4		Informatik			Englisch	

morgen 明日

nichts 何も…ない

Übung 12 音声を聞いて、該当するものに×をつけなさい。
Hören Sie und kreuzen Sie an.

CD1-86-89 086-089

	Sport	Psychologie	Mathe	Jura	Biologie	Pädagogik	nichts
D1	☐	☐	☐	☐	☐	☐	☐
D2	☐	☐	☐	☐	☐	☐	☐
D3	☐	☐	☐	☐	☐	☐	☐
D4	☐	☐	☐	☐	☐	☐	☐

Aussprache CD1-90 090

音節末（母音の後）の r
r [ɐ̯] dir, Literatur, studiert, lernen

音節頭（母音の前）の r
r [r] Jura, Literatur, studieren

jemanden だれかを
vor|stellen 紹介する

Statistik 統計学

Tschechisch チェコ語
Ungarisch ハンガリー語

Chemie 化学
Physik 物理学

kennen|lernen
知り合いになる

Aussprache CD1-93 093

d [t] Land, tausend
dt [t] Stadt, Schmidt
t [t] acht, jetzt
th [t] Mathematik, Thomas, Thema, Theater
tt [t] bitte, Mittwoch

8. Jemanden vorstellen だれかを紹介する

Übung 13 上のメモを見て、下の空欄に動詞を正しい形にして補い、ペーターを紹介しなさい。Stellen Sie Peter vor. Ergänzen Sie den Text.

Peter, aus Hamburg, in München, Deutsch und Englisch sprechen, Japanisch lernen, BWL studieren, BWL, Statistik und Japanisch haben

CD1-91 091

Das ist Peter. Er ________ aus Hamburg, aber er ________ jetzt in München. Er ________ Deutsch und Englisch und ________ jetzt auch Japanisch. Er ________ BWL. Heute ________ er BWL, Statistik und Japanisch.

Übung 14 パートナーに次の人物を紹介しなさい。
Stellen Sie Ihrem Partner folgende Personen vor.

	Dieter	Lara	Claudio
kommen	Frankfurt	Berlin	Italien, Rom
wohnen	Bremen	Wien	Basel
sprechen	Deutsch und Tschechisch	Deutsch und Ungarisch	Italienisch und Deutsch
lernen	Französisch	Spanisch	Französisch
studieren	Soziologie	Jura	Chemie
haben	Mathe und Statistik	Informatik und Englisch	Physik und Statistik

Übung 15 上の人物になって、対話しなさい。
Schlüpfen Sie in eine Rolle und spielen Sie einen Dialog.

9. Jemanden kennenlernen だれかと知り合いになる

Übung 16 対話を聞いて、表に書き入れなさい。
Hören Sie den Dialog und ergänzen Sie die Tabelle.

CD1-92 092

	Vorname	
	Familienname	
	kommen	
	wohnen	
	sprechen	
	lernen	
	studieren	
	haben	

Ausländer in Deutschland und in Japan　ドイツと日本の外国人

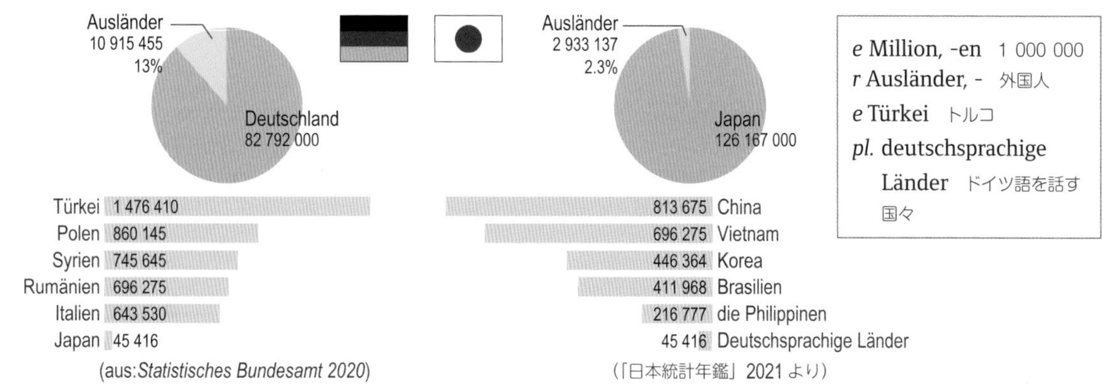

e Million, -en　1 000 000
r Ausländer, -　外国人
e Türkei　トルコ
pl. deutschsprachige Länder　ドイツ語を話す国々

Grammatik

1. 不規則動詞の現在人称変化 (1)

sprechen

1人称	ich spreche	wir sprechen
2人称	du sprichst	ihr sprecht
	Sie sprechen	
3人称	er/es/sie spricht	sie sprechen

haben（英 *have*）

ich habe	wir haben
du hast	ihr habt
Sie haben	
er/es/sie hat	sie haben

*多くの不規則動詞は du と 3 人称単数のみ不規則。

語幹の **e** が **i** に変わる動詞

essen 食べる（du isst, er isst）　geben 与える（du gibst, er gibt）
helfen 助ける（du hilfst, er hilft）　treffen 会う（du triffst, er trifft）
nehmen 取る（du nimmst, er nimmt）

2. 動詞の位置と語順

平叙文では、定動詞が 2 番目にくる。主語以外の要素が文頭に置かれると、主語は動詞の後になる。

Man	spricht	in Japan Japanisch.	日本で日本語を話す。
In Japan	spricht	man Japanisch.	日本では日本語を話す。
Japanisch	spricht	man in Japan.	日本語は日本で話す。

*ここでは、man が主語。man（特定の人を指さずに）人は

3. 冠詞の使い方 (1)

① 専攻・履修科目・言語などは無冠詞。
Ich studiere **Informatik**.
Heute haben wir **Soziologie**.
Er lernt **Japanisch**.

② 身分・国籍を言うときには、無冠詞。
Ich bin **Japaner**. 私は日本人です。
*Hier wohnt **ein Japaner**. ここに日本人が一人住んでいます。

③ 国民を表し、すべての人に当てはまるときは、定冠詞。
Die Japaner sprechen Japanisch.

4. auch（…も）の位置

Er kommt **auch** aus Berlin.
Lernst du **auch** Englisch?
Sie spricht **auch** nicht Französisch.
Ich lerne Deutsch.
— Ich **auch**.
Ich spreche nicht Chinesisch.
— Ich **auch** nicht.

Ja, das kann ich! 1

CD1-94

094

Zahlenspiel 数字ゲーム

Machen Sie 2er- oder 4er-Gruppen. Zählen Sie nun abwechselnd laut von 1 bis 50. Aber Achtung! Sie dürfen keine Zahl sprechen, in der eine 3 oder ein Mehrfaches von 3 vorkommt. Anstelle so einer Zahl sprechen Sie „Buh!"! Viel Spaß! 2 人または 4 人グループで、交代に 1 から 50 まで大きな声で数えなさい。ただし、3 または 3 の倍数のときには数ではなく「ブー」と言います。お楽しみに！

Beispiel 4er-Gruppe (4 人グループの例)

○ eins!	● zwei!	□ Buh! (3)	■ vier!	○ fünf!	● Buh! (3 の倍数)
□ sieben!	■ acht!	○ Buh! (3 の倍数)	● zehn!	□ elf!	■ Buh! (3 の倍数)
○ Buh! (13)	● vierzehn	□ ...			

Wechselspiel A ⇄ B Fragen Sie sich gegenseitig und schreiben Sie die Antworten in die Tabelle. 互いに質問し、答えを書き入れなさい。(B auf Seite 98. B は 98 頁)

A: Wohin reist Peter?	**B:** Er reist nach* Italien. *nach へ
Wie lange ist seine Reise?	___ Tage.
Was kostet seine Reise?	Seine Reise kostet ___ Euro.
B: Wohin reist Anna?	**A:** Sie reist nach* _______.
Wie lange ist ihre Reise?	___ Tage.
Was kostet ihre Reise?	Ihre Reise kostet ___ Euro.

A	Peter (seine)	Anna (ihre)	Sven (seine)	Sophie (ihre)	ich (meine)	du (deine)
Wohin?	Italien	Belgien	Spanien	_______	_______	_______
Wie lange?	___ Tage	5 Tage	8 Tage	___ Tage	___ Tage	___ Tage
Was kostet ...?	____ €	581 €	736 €	____ €	____ €	____ €

CD1-95-96
095-096

Zahlenspiel Hören Sie die Zahlen und verbinden Sie! Einige Zahlen kommen mehrmals vor! 音声を聞き、数を線で結びなさい。繰り返される数もいくつかあります。

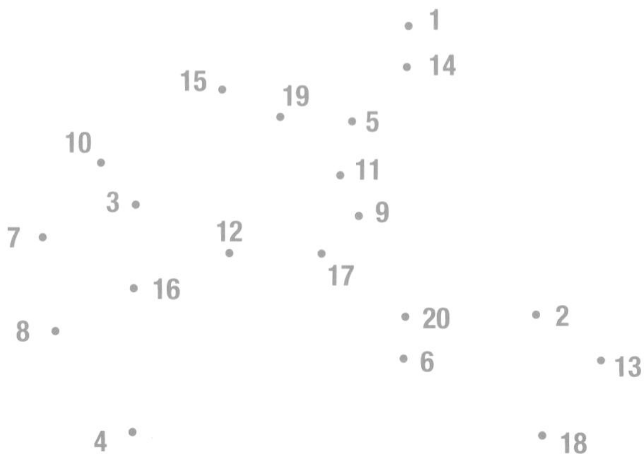

CD1-97

↓097

Singen

Gu- ten Mor- gen Gu- ten Mor- gen
Wie hei- ßen Sie? Wie hei- ßen Sie?
Bit- te buch-sta bie- ren Sie! Bit- te buch-sta bie- ren Sie!
Vie- len Dank! Vie- len Dank!

Das „Guten Morgen"-Lied

Guten Morgen. Guten Morgen.
Wie heißen Sie? Wie heißen Sie?
Bitte buchstabieren Sie!
Bitte buchstabieren Sie!
Vielen Dank! Vielen Dank!

Guten Abend. Guten Abend.
Wie geht es dir? Wie geht es dir?
Danke, danke, sehr gut!
Danke, danke, sehr gut!
Tschüs bis dann! Tschüs bis dann!

Aussprache

CD1-98 ↓098

Kurz (·) oder lang (–) ?

Hören und markieren Sie die Vokale. 音声を聞いて、短母音に（・）長母音に（ー）を付けなさい。

( ) Ende ( ) Titel ( ) Schule ( ) Beginn ( ) malen ( ) Brot ( ) Kummer ( ) kalt ( ) Besen ( ) Mitte

ah, eh, ih, oh, uh

CD1-99 ↓099

Hören, sprechen und ergänzen Sie! 音声を聞いて発音し、例にならって文字を補いなさい。

Ruhe f__ren w__nen g__en __nen __r M__l __re K__ S__le Z__l

CD2-01–02 ↓100–101

Wortschlange

Sprechen Sie zu zweit! ペアで交互に文を長くしながら、声に出して言いなさい。

Ich spreche (nicht/Japanisch/aber Koreanisch).

● Ich spreche.
○ Ich spreche nicht.
● Ich spreche nicht Japanisch.
○ Ich spreche nicht Japanisch, aber Koreanisch.

Du spielst (nicht/gern/Klavier).

○ Du spielst.
● Du spielst nicht.
○ Du spielst nicht gern.
● Du spielst nicht gern Klavier.

CD2-03–04 ↓102–103

Zungenbrecher

Sprechen Sie zu zweit! 2 人で声に出して言いなさい。

Alle Angler angeln Aale am Abend.

Achtzig alte Ameisen aßen am Abend achtzig Ananas.

3 Essen und Trinken

CD2-05 104

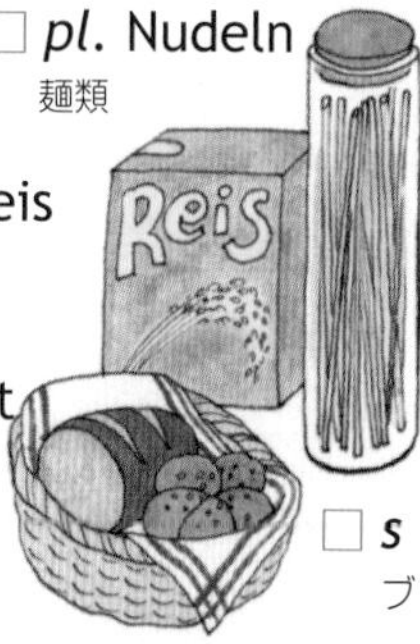

- ☐ *pl.* Nudeln 麺類
- ☐ *r* Reis 米
- ☐ *s* Brot パン
- ☐ *s* Brötchen ブレートヒェン

s Obst 果物

CD2-06 105

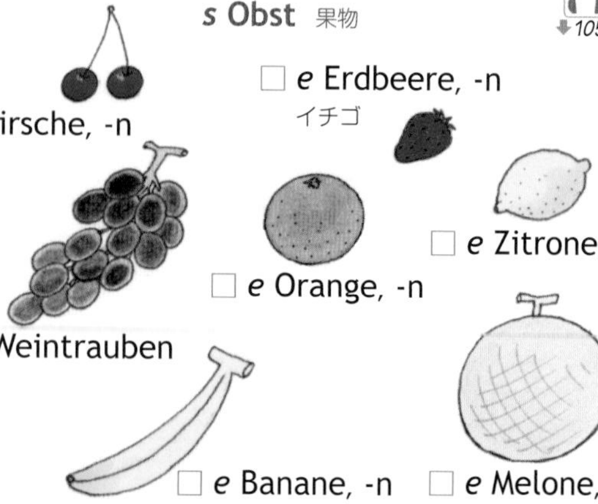

- ☐ *e* Kirsche, -n
- ☐ *e* Erdbeere, -n イチゴ
- ☐ *e* Zitrone, -n
- ☐ *e* Orange, -n
- ☐ *pl.* Weintrauben
- ☐ *e* Banane, -n
- ☐ *e* Melone, -n

s Gemüse 野菜

CD2-07 106

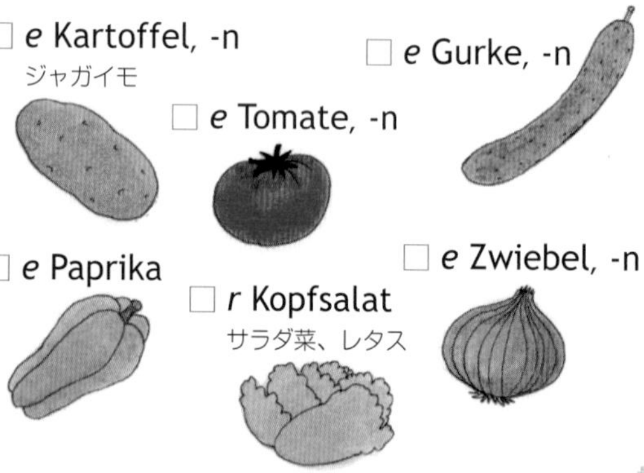

- ☐ *e* Kartoffel, -n ジャガイモ
- ☐ *e* Gurke, -n
- ☐ *e* Tomate, -n
- ☐ *e* Paprika
- ☐ *e* Zwiebel, -n
- ☐ *r* Kopfsalat サラダ菜、レタス

CD2-08 107

- ☐ *r* Käse チーズ
- ☐ *e* Wurst ソーセージ
- ☐ *s* Ei, -er
- ☐ *r* Schinken ハム
- ☐ *s* Fleisch 肉
- ☐ *r* Fisch 魚

s Getränk, -e 飲み物

CD2-11 110

- ☐ *s* Bier
- ☐ *r* Wein
- ☐ *r* Sekt
- ☐ *r* Apfelsaft りんごジュース
- ☐ *r* Kaffee
- ☐ *r* Tee
- ☐ *r* Orangensaft オレンジジュース
- ☐ *e* Cola
- ☐ *e* Milch
- ☐ *s* Mineralwasser

Süßigkeiten und *s* Dessert, -s

CD2-09 108

- ☐ *r* Joghurt
- ☐ *s* Eis アイスクリーム
- ☐ *r* Kuchen ケーキ
- ☐ *e* Schokolade チョコレート
- ☐ *r* Keks, -e

CD2-10 109

- ☐ *e* Suppe
- ☐ *pl.* Spaghetti
- ☐ *r* Salat
- ☐ *e* Pizza

CD2-12 111

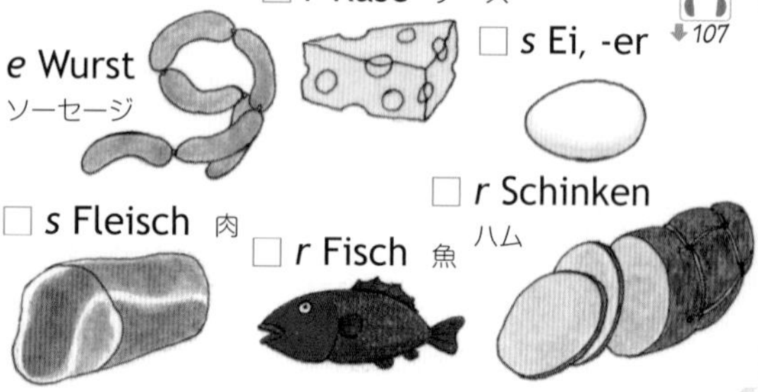

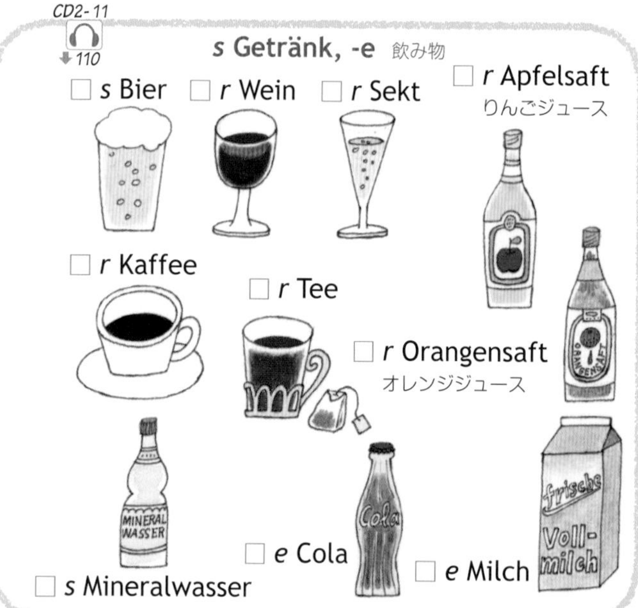

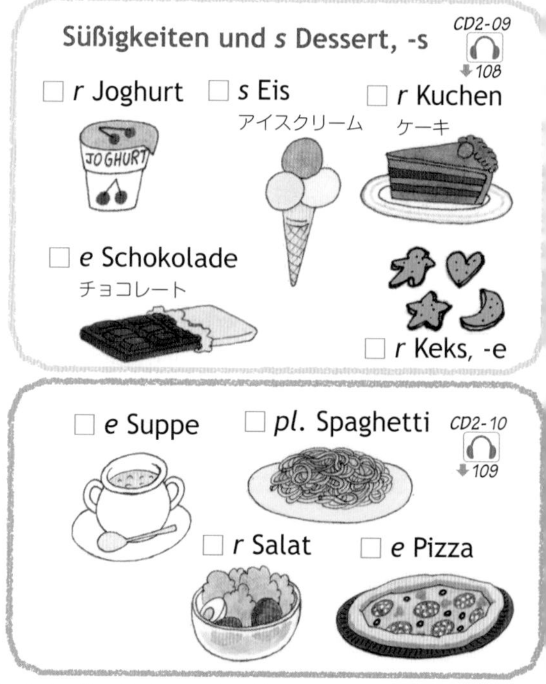

ヨナスとマリアはスーパーマーケットに買い物に行きます。彼らが買うものに×をつけなさい。
Was kaufen Jonas und Maria? Kreuzen Sie an.

1. Was essen Sie gern? 好きな食べ物は何ですか

2-13 112

Dialog 1

Was isst du gern?

Ich esse gern Orangen. Und du?

Ich esse gern Kuchen.
Und was trinkst du gern?

Ich trinke gern Kaffee.

Übung 1 26 ページの語彙を使って、好きな食べ物・飲み物を尋ねなさい。
Fragen Sie die Anderen. Benutzen Sie die Vokabeln auf Seite 26.

2-14 113

Dialog 2

Isst du lieber Reis oder Nudeln?

Ich esse lieber Nudeln. Und du?

Ich esse beides gern, aber am liebsten esse ich Kartoffeln.
Was isst du am liebsten?

Ich esse am liebsten Brot.

Übung 2 下の絵を使って、対話しなさい。Machen Sie Dialoge.

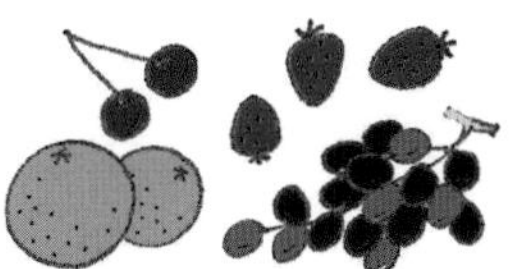

Übung 3 飲み物についても話しなさい。Sprechen Sie nun über Getränke.

○ Trinkst du gern ...?
● Ja, aber ich trinke lieber ... Und du?

Kräutertee

Grüntee Früchtetee

essen の現在人称変化	
du	*isst*
er / sie	*isst*

essen 食べる
gern(e) 好んで
trinken 飲む

lieber より好んで

beide（英 *both*）
両方の、二つの、二人の

beides
両方とも［中性単数1・4格］

am liebsten 最も好んで

r Kräutertee
ハーブティー

r Früchtetee
フルーツティー

Aussprache CD2-15 114

gh	[g]	Joghurt
ng	[ŋ]	Pudding
ig	[ɪç]	Honig
ge	[ʒ]	Orange, Garage, Ingenieur
g	[g]	gehen, gern

2. Essen Sie gern deutsch? ドイツ料理はお好きですか

CD2-16 115

Dialog 3

Ich esse gern japanisch.
Was isst du gern?

Ich esse gern türkisch,
besonders Kebab und Köfte.

Trinkst du auch gern Tee?

Ja, aber ich trinke lieber Ayran.

japanisch 日本の
türkisch トルコの
besonders 特に
Kebab ケバブ
Köfte キョフテ（挽肉ダンゴ）
Ayran アイラン（ヨーグルト飲料）

italienisch イタリアの
koreanisch 韓国の
deutsch ドイツの
indisch インドの
e Bratwurst, ⁻̈e 焼きソーセージ
r Espresso エスプレッソコーヒー
r Cappuccino カプチーノコーヒー
r Chai インド風紅茶
s Lassie ヨーグルト飲料
s Frühstück 朝食
zum Frühstück 朝食に
dazu それに加えて
zu Mittag (...) essen 昼食（に…）を食べる
zu Abend (...) essen 夕食（に…）を食べる

Übung 4 下の表を使って、好きな外国料理について話しなさい。
Machen Sie Dialoge.

italienisch	koreanisch	deutsch	indisch
Pizza Spaghetti Espresso/Cappuccino	Bibimba Kimchi Kaffee/Ginseng-Tee	Bratwurst Kartoffelsalat Bier/Weißwein	Curry Nan Chai/Lassie

3. Was essen Japaner zum Frühstück?

日本人は朝食に何を食べますか

CD2-17 116

Dialog 4

Was isst du zum Frühstück?

Zum Frühstück esse ich
Reis und Misosuppe.

Ich esse Brot und Käse.
Und ich trinke Milch dazu.

応用語句
s Spiegelei, -er 目玉焼き
s Rührei スクランブルエッグ
s Omelett, -e/-s オムレツ
s Sandwich, -[e]s
r Reisball, ⁻̈e おにぎり
pl Buchweizennudeln そば

Übung 5 自分の食習慣を話しなさい。Erzählen Sie über Ihre Mahlzeiten.

Zum Frühstück
Zu Mittag
Zu Abend

esse ich ________. Und ich trinke ________.

Aussprache CD2-18 117

j [j] ja, Japan, jetzt, jung, Jasmin
[dz] Jazz, Jogging, Job, Jeans

4. Essen in Deutschland ドイツの食事

Lesetext Was essen Louisa und Jonas?

2-19 118

Viele Deutsche trinken morgens gern Kaffee. Auch Louisa und Jonas trinken zum Frühstück Kaffee. Louisa isst Müsli mit Joghurt und Jonas isst Brötchen mit Butter, Schinken, Käse oder Marmelade.

In Deutschland isst man mittags oft warm, z.B. Fleisch mit Kartoffeln und Gemüse. Louisa und Jonas essen nicht so gerne Fleisch. Sie essen lieber Spaghetti, Pizza oder Salat. Sie trinken Mineralwasser dazu.

Abends essen die beiden meistens kalt. Zum Abendessen gibt es Brot, Käse, Wurst und Schinken. Manchmal gehen sie türkisch oder griechisch essen.

Übung 6 上の文を読んで質問に答えなさい。Beantworten Sie die Fragen.

1. Trinken Deutsche morgens gern Kaffee?

____

2. Essen Deutsche mittags nicht warm?
   Doch/Nein, ______________________________
3. Essen Louisa und Jonas abends meistens nicht warm?

____

Übung 7 日本の食事について書きなさい。Wie ist es in Japan? Schreiben Sie.

viel 多くの、たくさんの
morgens 朝に
mit ... …の入った、…のついた
s Müsli ミュースリ（オートミール、［ドライ］フルーツ、ナッツなどを牛乳やヨーグルトに混ぜたもの）
man （一般に）人、人々
mittags 昼に
oft しばしば、頻繁に
warm 温かい
z.B. = zum Beispiel 例えば
gerne = gern
abends 晩に
die beiden 二人
kalt 冷たい
zum Abendessen 夕食に
manchmal ときどき
griechisch ギリシャの
essen gehen 食べに行く
doch いいえ（否定の決定疑問文で、否定を打ち消して）
nein はい（否定の決定疑問文で、そのことを認めて）

5. Was essen und trinken die Leute gern, was nicht gern?

好きな食べ物・飲み物、嫌いな食べ物・飲み物は何ですか

2-20-22 119-121

Übung 8 音声を聞いて、好きなものには＋、嫌いなものには－をつけなさい。
Hören Sie und tragen Sie + (gern) und – (nicht gern) ein.

	Fleisch	Fisch	Käse	Eier	Gemüse	Obst	Eis
Michaela							
Niklas							
Anna							

	Tee	Kaffee	Milch	Cola	Saft	Bier	Wasser
Michaela							
Niklas							
Anna							

Aussprache CD2-23 122

ds [ts] abends
ts [ts] nichts
tz [ts] jetzt, benutzen
z [ts] zwei, zwanzig, Zürich, Salz

6. Essen Japaner auch viele Kartoffeln?

日本人もじゃがいもをたくさん食べますか

CD2-24 123

Übung 9 次の質問にあなたならどう答えますか。Antworten Sie.

1. Deutsche essen viele Kartoffeln. Essen Japaner auch viele Kartoffeln?
   ____
2. Deutsche benutzen meistens Besteck. Essen Japaner auch manchmal mit Messer und Gabel? ______________________________
3. Japaner trinken sehr gern Tee. Trinken sie nicht gern Kaffee?
   ____
4. Japaner essen gern Reis. Essen sie nicht gern Brot?
   ____

benutzen 使う
mit ... …で（道具・手段）

CD2-25 124

Guten Appetit!
（おいしく）召し上がれ；いただきます
gleichfalls 同様に
s Besteck
カトラリー（ナイフ・フォーク・スプーンのセット）
e Serviette, -n
ナプキン

CD2-26 125

Übung 10 上の語を使って対話しなさい。Üben Sie mit den Wörtern oben.

○ Wo ist <u>der Löffel</u>? ● Hier, bitte.

7. Trinken Sie Kaffee mit Milch? コーヒーにミルクを入れますか

ドイツには次のようにいろいろな飲み方があります。

CD2-27 126

Deutsche trinken gern | Kaffee mit Milch und Zucker.
Cola mit Limonade („Spezi").
Wein mit Mineralwasser („Weinschorle").
Bier mit Limonade
(„Radler" oder „Alsterwasser").

mit ... …を入れて

ohne ... …なしで

CD2-28 127

Übung 11 お互いに尋ねなさい。Fragen Sie sich gegenseitig.

○ Wie trinkst du Tee? ● Ich trinke Tee mit Zitrone, aber ohne Zucker.

Aussprache CD2-29 128

f [f] Fisch, Saft
v [f] vier, viel, Vorname
v [v] Klavier, Volleyball
w [v] Wurst, Wein, wie, was, wo

Was essen die Deutschen am liebsten? ドイツ人が好む国別料理

右の統計表を使い、例にならって対話しなさい。 Machen Sie Dialoge.

○ Wie viele Deutsche essen gern deutsch?

● 43 Prozent der Deutschen essen gern deutsch.

Anteil der Befragten in Prozent	
deutsch	43%
italienisch	19%
asiatisch	12%
griechisch	11%

(aus: *statista 2016*)

r Anteil, -e 割合
r/e Befragte, -n 回答者
s Prozent パーセント

クラスメートにインタビューして統計をまとめなさい。
Fragen Sie in der Klasse und machen Sie eine Statistik.

Was isst du am liebsten?

Grammatik

1. 並列の接続詞 und（そして）、aber（しかし）、oder（それとも）、denn（なぜなら）

並列させた語と語、句と句、文と文を結びつける。

Ich esse Brot **und** Käse.
Ich *esse* Brot. **Und** ich *trinke* Milch dazu.
Ich esse gern Obst, **aber** nicht so gern Gemüse.
Paul *trinkt* gern Wein, **aber** Peter *trinkt* lieber Bier.
Was trinken Sie lieber, Tee **oder** Kaffee?
Trinkst du nur Kaffee, **oder** *isst* du auch Kuchen?
Anne *benutzt* Stäbchen, **denn** sie isst gern japanisch.

*文と文を結ぶ場合、並列の接続詞は文そのものの構成要素ではないので、定動詞の位置に影響を与えない。
（定動詞の位置☞ 23 ページ）

	定動詞		und aber oder denn		定動詞	
1	2			1	2	

2. 冠詞の使い方 (2)

① 一般的に食べ物や飲み物を、またその好みを言うときは無冠詞。

Ich esse gern **Salat** und trinke gern **Tee**.

*一杯、一皿、一個を表現するときには不定冠詞。 Ich trinke **einen Tee**. 私は紅茶を一杯飲む。
*特定のものを指すときには定冠詞。 Ich esse **den Salat**. 私はそのサラダを食べる。
（冠詞の格変化☞ 6 課 51 ページ（4 格））

② 一般的ではあるが、すべての人にあてはまるわけではないときには、無冠詞。

Japaner essen gern Reis. Benutzen **Japaner** auch Messer und Gabel?

3. ja, nein, doch の使い方

Isst du gern Brot? — **Ja**, ich esse gern Brot.（はい）
\ **Nein**, ich esse *nicht* gern Brot.（いいえ）

Isst du *nicht* gern Brot? — **Doch**, ich esse gern Brot.（いいえ）
\ **Nein**, ich esse *nicht* gern Brot.（はい）

4. 頻度を表す副詞

immer（いつも）
meistens（たいてい）
oft（しばしば）
manchmal（時々）
selten（めったに…ない）

5. 否定文の作り方 (1)

否定詞は否定する語の前にくる。

Ich komme **nicht** aus Tokyo.
Er spricht noch **nicht** so gut Deutsch.
Ich esse **nicht** gern Gemüse.

4 Freizeit und Hobbys

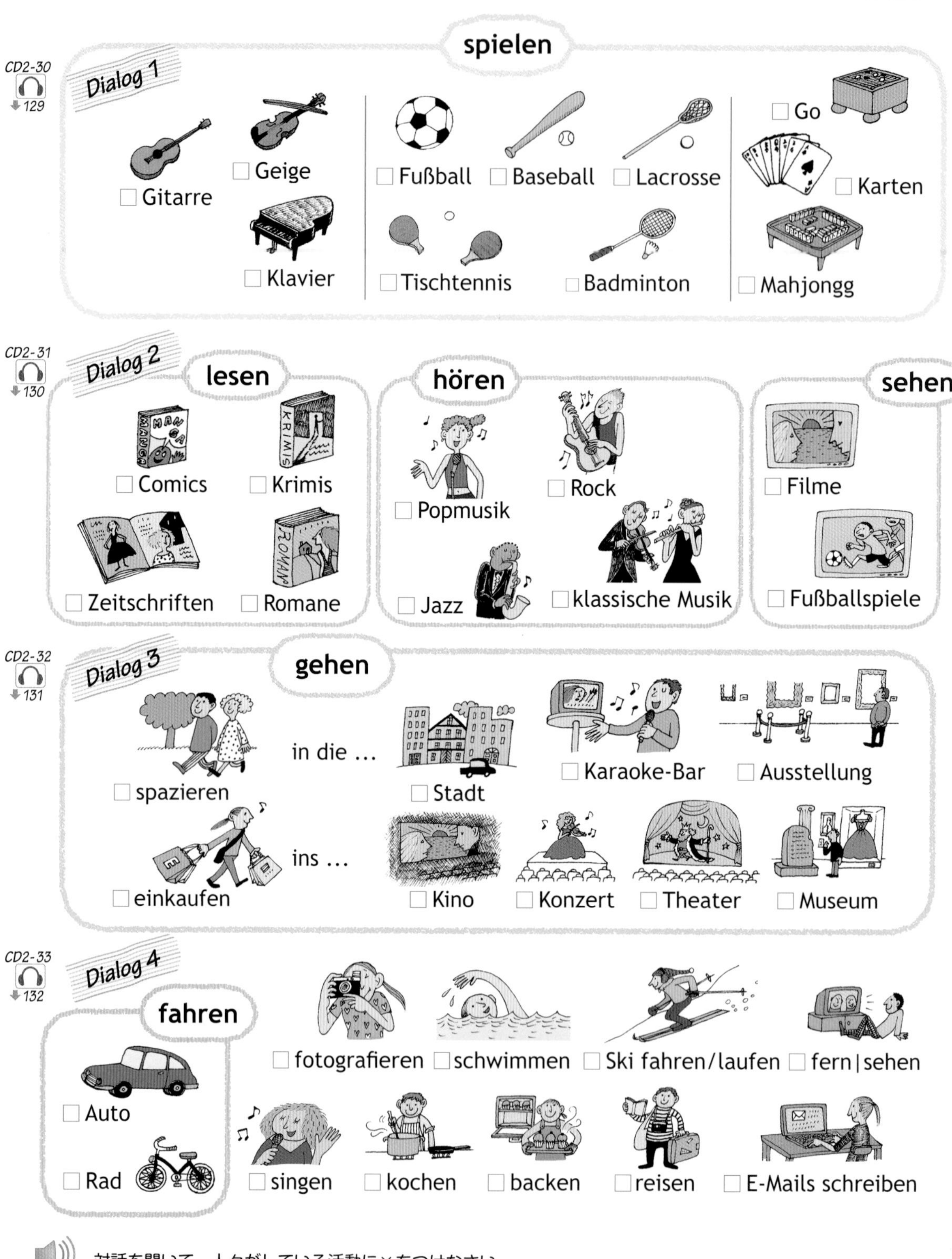

対話を聞いて、人々がしている活動に×をつけなさい。

CD2-34-37 / 133-136

Was machen die Personen? Hören Sie die Dialoge und kreuzen Sie an.

1. Was machen Sie gern? あなたの好きなことは何ですか

Dialog 1

Ich spiele gern Gitarre.
Was machst du gern?

Ich höre gern Musik.

Übung 1 自分の好きなことについて５人にインタビューし、メモしなさい。
Fragen Sie 5 Personen und notieren Sie.

Übung 2 下の人物の好きなことについて話しなさい。
Sprechen Sie über die Hobbys der Personen unten.

○ Was macht Oliver gern? ● Er fotografiert gern.

○ Was machen Herr und Frau Meier gern? ● Sie reisen gern.

Tobias

Anna

Miyuki

Herr Fischer

Frau Schumann

Daisuke

Herr Kreuzer

Julia

Tim und Jan

Frau und Herr Müller

Christian

Übung 3 インタビューした人の趣味をクラスで報告しなさい。Berichten Sie über die Hobbys der in Übung 1 interviewten Leute.

不規則動詞の現在人称変化	
lesen	
du	liest
er / sie	liest
sehen	
du	siehst
er / sie	sieht
fahren	
du	fährst
er / sie	fährt

tanzen 踊る

2. Ich spiele lieber Golf. ゴルフの方が好きです

CD2-40 ⬇139

Dialog 2

Spielst du gern Tennis?

Nein, ich spiele nicht gern Tennis.
Ich spiele lieber Golf.

Übung 4 下の絵を使って、どちらが好きか話し合いなさい。
Machen Sie ähnliche Dialoge anhand der folgenden Bilder.

Übung 5 例にならって、対話しなさい。Was machen Sie lieber?

CD2-41 ⬇140

○ Was machst du lieber?
Schwimmst du lieber, oder gehst du lieber spazieren?
● Ich gehe lieber spazieren.

fahren

hören

3. Am liebsten fahre ich Ski. スキーが一番好きです

CD2-42 ⬇141

Dialog 3

Was machst du in deiner Freizeit?

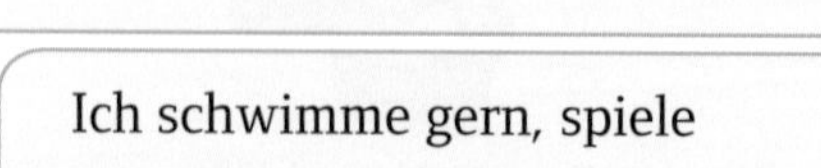

Ich schwimme gern, spiele
gern Tennis und fahre gern Ski.

Was machst du am liebsten?

Am liebsten fahre ich Ski.

in deiner Freizeit
（君の）余暇に、時間のある時に

e Freizeit 余暇

Übung 6 一番好きなことについて対話しなさい。Machen Sie ähnliche Dialoge.

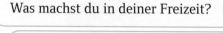

4. Was machen die Leute gern? 人々の趣味は何ですか

pl. Leute 人々

CD2-43-47 142-146

Übung 7 音声を聞き、該当するものに×をつけなさい。
Hören Sie und kreuzen Sie an.

	Lesen	Musik	Kochen	Sport	Singen	Tanzen	Kino
S1	☐	☐	☐	☐	☐	☐	☐
S2	☐	☐	☐	☐	☐	☐	☐
S3	☐	☐	☐	☐	☐	☐	☐
S4	☐	☐	☐	☐	☐	☐	☐
S5	☐	☐	☐	☐	☐	☐	☐

5. Was machen Deutsche gern in der Freizeit?

ドイツ人は余暇に何をするのが好きですか

CD2-48 147

Übung 8 日本人とドイツ人の好きなことについてあなたの意見を書きなさい。
Was, glauben Sie, machen Deutsche und Japaner gern?

Ich glaube, Deutsche fahren gern Auto. Sie fahren auch gern Rad.
Ich glaube, sie arbeiten nicht so gern. Sie machen lieber Urlaub.

glauben 思う
arbeiten 働く
r Urlaub 休暇

Auto fahren

Zug fahren

lernen

Urlaub machen

r Zug, ¨-e 列車

CD2-49 148

Lesetext Evgeniy schreibt eine E-Mail an Kenta.

Hallo Kenta,
wie geht's? Ich bin schon ein Jahr in Deutschland und habe viele Freunde. Ich glaube, Deutsche gehen gern spazieren, besonders im Park. Dort grillen sie auch. Viele Deutsche essen gern Bratwurst, spielen sehr gern Fußball und sehen am Wochenende Fußballspiele. Auch Rad fahren ist beliebt. Mit der Familie machen sie am Wochenende oft Radtouren. Ich glaube, Deutsche kochen nicht so gern. Sie gehen lieber ins Restaurant. Wie ist es bei euch in Japan?

Tschüs
Evgeniy

an (+ 4格に) …（宛）に
s Jahr, -e 年
grillen グリルする、バーベキューする
am Wochenende 週末に
s Wochenende, -n 週末
beliebt 人気のある
mit ... …と
e Radtour, -en サイクリング
bei euch 君たちのところで
bei (+3格) …のところに（で）
euch (ihr の 3 格) (☞ 105 ページ)

Übung 9 日本のことについて、返事のメールを書きなさい。
Was macht man in Japan? Schreiben Sie eine Antwortmail.

6. Gehen wir dann zusammen ins Kino?

一緒に映画を見に行きましょうか

CD2-50 149

Übung 10 グループで一緒に何をするか決めなさい。
Treffen Sie eine Verabredung in Ihrer Gruppe.

Zeit haben 暇がある

dann それでは

r Vormittag 午前
r Mittag 昼
r Nachmittag 午後

○ Ich gehe gern ins Kino. Du auch?
● Ja, ich gehe auch sehr gern ins Kino.
○ Hast du heute Abend Zeit?
● Nein, leider nicht. Aber morgen Abend habe ich Zeit.
○ Gehen wir dann zusammen ins Kino?
● Ja, sehr gern.

CD2-51 150

Vormittag *Mittag* *Nachmittag*
Samstagnachmittag *Sonntagabend*

7. Können Sie Auto fahren? 車の運転はできますか

können の現在人称変化	
ich	kann
du	kannst
Sie	können
er/es/sie	kann

können …できる

CD2-52 151

Dialog 4

Kannst du Auto fahren?

Nein, ich kann nicht Auto fahren, aber ich kann Rad fahren.

Übung 11 下の絵を使って、何ができるか話し合いなさい。
Machen Sie ähnliche Dialoge anhand der folgenden Bilder.

8. Möchten Sie mitkommen? 一緒に行きたいですか

möchten	
ich	möchte
du	möchtest
Sie	möchten
er/es/sie	möchte

möchten …したい
mit|kommen
一緒に行く

CD2-53 152

Dialog 5

Ich möchte morgen ins Konzert gehen.
Möchtest du auch ins Konzert mitkommen?

Nein, ich möchte lieber ins Kino gehen.

Gut. Gehen wir dann morgen zusammen ins Kino?

Übung 12 何がしたいか話し合いなさい。Machen Sie ähnliche Dialoge.

Was kann man hier machen? Was möchten Sie hier machen?

絵を見て、そこで何ができるか、あなたは何がしたいか作文しなさい。Schreiben Sie.

1)

2)

1. 不規則動詞の現在人称変化（2）

① e が ie に変わる動詞

sehen

ich sehe	wir sehen
du siehst	ihr seht
Sie sehen	
er/es/sie sieht	sie sehen

lesen 読む (du liest, er liest)

② a が ä に変わる動詞

fahren

ich fahre	wir fahren
du fährst	ihr fahrt
Sie fahren	
er/es/sie fährt	sie fahren

schlafen 眠る (du schläfst, er schläft)
tragen 運ぶ (du trägst, er trägt)
waschen 洗濯する (du wäschst, er wäscht)

③ au が äu に変わる動詞

laufen

ich laufe	wir laufen
du läufst	ihr lauft
Sie laufen	
er/es/sie läuft	sie laufen

2. 話法の助動詞の現在人称変化（1）

können できる（可能性、能力）

können

ich kann	wir können
du kannst	ihr könnt
Sie können	
er/es/sie kann	sie können

möchten したい（願望）

möchten

ich möchte	wir möchten
du möchtest	ihr möchtet
Sie möchten	
er/es/sie möchte	sie möchten

3. 語順 Wortstellung

1	2		文末
Ich	gehe	in die Karaoke-Bar.	
Ich	möchte	in die Karaoke-Bar	gehen.
Was	machst	du hier?	
Was	möchtest	du hier	machen?
Spielst	du	Fußball?	
Kannst	du	Fußball	spielen?

Grammatik

Ja, das kann ich! 2

CD2-54 153

Was machen junge Deutsche gern in der Freizeit?

ドイツの若者は余暇に何をしますか？

a) Lesen Sie den Text. 次の文章を読んで、後の問題に答えなさい。

Junge Deutsche haben 4½ Stunden pro Tag Freizeit. Am liebsten sehen sie fern, streamen Filme oder sehen Videos auf YouTube, nämlich 97% machen das gern. Auch Musik hören ist mit 95% sehr beliebt. 83% treffen gern Freunde. Damit ist diese Freizeitaktivität auf Platz 3. Sport treiben ist mit 80% auch eine beliebte Freizeitaktivität. Viele machen regelmäßig Sport, beliebt sind besonders Fußball, Turnen und Schwimmen. Junge Deutsche spielen auch gern Spiele am Computer, Handy, Tablet oder auf Spielkonsolen, nämlich 76%. Nichts tun oder chillen ist bei jungen Deutschen auch beliebt. 74% geben an, dass sie in der Freizeit gerne nichts tun. 68% der jungen Deutschen unternehmen gern etwas mit den Eltern und den Geschwistern. Lesen ist bei vielen Jugendlichen ebenfalls beliebt, 41% lesen regelmäßig Bücher. 30% der Jugendlichen spielen ein Instrument oder singen gern in der Freizeit. Auf Platz 10 kommt mit 21% shoppen oder bummeln gehen.

(aus: *Deutsches Jugendinstitut 2019, gewichtete Daten*)

e Spielkonsole, -n （家庭用）ゲーム機

b) Ergänzen Sie die Aktivitäten in der Tabelle. 表の空欄を補いなさい。

Aktivitäten	Prozent	Aktivitäten	Prozent
fernsehen, Streaming, YouTube			74 %
	95 %	etwas mit den Eltern oder Geschwistern unternehmen	
Freunde treffen		Bücher lesen	
Sport treiben			30 %
	76 %		21 %

c) Was machen Jugendliche in Ihrem Heimatland? Machen Sie eine Umfrage in der Klasse.
日本の若者が余暇に何をするか、クラスでアンケート調査しなさい。

Wechselspiel A ⇄ B Fragen Sie sich gegenseitig und schreiben Sie die Antworten in die Tabelle.
互いに質問し、答えを書き入れなさい。(B auf Seite 98. B は 98 頁)

A

Wer?	Tim	Lukas und Anna		Lea	Laura	Katharina und Julia		Sophie
Was?		Tennis spielen	spazieren gehen	ins Kino gehen		Ski fahren	reisen	Comics lesen

A: Was macht Tim gern? B: Er ______________________

Wer reist gern? ______________________

Aussprache

CD2-55 ↓154

b, d, g, s

Hören Sie und sprechen Sie nach. 音声を聞いて、後につけて発音しなさい。

母音の前：	[b]	haben	schreiben	[d]	Bilder	Kinder	[g]	sagen	Tage	[z]	lesen reisen
語末、子音の前：	[p]	habt	schreibt	[t]	Bild	Kind	[k]	sagt	Tag	[s]	liest reist

kurz (·) oder lang (-) ?

CD2-56 ↓155

Hören und markieren Sie die Vokale. 音声を聞いて、短母音に（・）長母音に（－）を付けなさい。

( ) Öl ( ) Ökonomie ( ) können ( ) fünf ( ) Tüte ( ) München ( ) Fächer ( ) spät

ä, ö, ü

CD2-57 ↓156

Hören, sprechen und ergänzen Sie! 音声を聞いて発音し、変母音 ä, ö, ü を補いなさい。

D__nemark K__ln Gel__nde __sterreich f__nf M__rchen S__d zw__lf __pfel

Was hören Sie? Kreuzen Sie an. 音声を聞いて、発音された語に×をつけなさい。

CD2-58 ↓157

1.	2.	3.	4.	5.	6.
□ hätten	□ können	□ kühl	□ schön	□ dünsten	□ Ähre
□ hatten	□ kennen	□ cool	□ schon	□ dunsten	□ Ehre

CD2-59-60 ↓158-159

Wortschlange

Sprechen Sie zu zweit! ペアで交互に文を長くしながら、声に出して言いなさい。

Ich esse (heute/zum Frühstück/Bananen/und Brot).

● Ich esse. ○ Ich esse heute. ● Ich esse heute zum Frühstück. ○ Ich esse heute zum Frühstück Bananen. ● Ich esse heute zum Frühstück Bananen und Brot.

Du möchtest (auch/nicht/gern/allein) Auto fahren.

○ Du möchtest Auto fahren. ● Du möchtest auch Auto fahren. ○ Du möchtest auch nicht Auto fahren. ● Du möchtest auch nicht gern Auto fahren. ○ Du möchtest auch nicht gern allein Auto fahren.

CD2-61-62 ↓160-161

Zungenbrecher

Sprechen Sie zu zweit! 2 人で声に出して言いなさい。

Mütter machen mehr Müsli
als Mädchen morgens mögen.

Sabine sucht sehr selten Senf und Salz.

5 Familie und Berufe

CD2-63 ↓162

Stammbaum

Meine Familie

pl. Großeltern

r Großvater, ¨ | *e* Großmutter, ¨

pl. Eltern

r Onkel, - | *e* Tante, -n

r Vater | *e* Mutter

r Cousin, -s | *e* Cousine, -n

r Bruder, ¨ | *e* Schwester, -n

pl. Geschwister

Ich

e Frau

r Mann

r Sohn, ¨e | *e* Tochter, ¨

pl. Kinder

s Kind

Familienbild

Großvater (　)
Vater (　)

Mutter (　)
Bruder (　)
Schwester (　)

対話を聞き、家族の職業を下から選んで、空欄に番号を書き入れなさい。
Wer ist was? Wählen Sie von unten den passenden Beruf und tragen Sie die Nummer in die Lücke ein.

CD2-64 ↓163

Berufe

CD2-65 ↓164

1 Apothekerin

2 Berufsfahrer

3 Landwirt

4 Ingenieur

5 Kellnerin

6 Lehrerin

7 Schüler

8 Studentin

9 Verkäuferin

10 Polizist

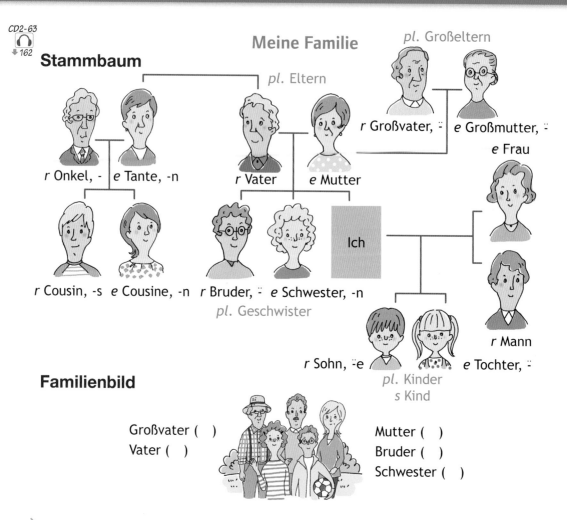

1. Das ist meine Familie. これは私の家族です

D2-66

165

Dialog 1

Das sind meine Eltern.
Das ist mein Vater. Das ist meine Mutter.

Und wer ist das?

Das ist mein Bruder.

Übung 1 写真を使って、自分の家族を紹介しなさい。
Bringen Sie ein Familienfoto mit und stellen Sie Ihre Familie vor.

2. Was ist Ihr Vater von Beruf? お父さんのお仕事は何ですか

CD2-67

166

Dialog 2

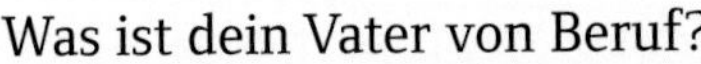

Was ist dein Vater von Beruf?

Mein Vater ist Angestellter.
Meine Mutter ist Lehrerin.
Und deine Eltern?

Mein Vater ist Beamter.
Und meine Mutter arbeitet Teilzeit.

Übung 2 家族の職業について話しなさい。
Sprechen Sie über Berufe in Ihrer Familie.

D2-68

167

Er arbeitet nicht mehr. *Sie arbeitet Teilzeit.* *Sie ist selbstständig.*
Er ist arbeitslos.
Was sind Sie von Beruf? *Was bist du von Beruf?*

CD2-69

168

Arzt/Ärztin *Bankangestellter/Bankangestellte*
Beamter/Beamtin *Frisör/Frisörin* *Hausmann/Hausfrau*
Handwerker/Handwerkerin *Erzieher/Erzieherin*
Krankenpfleger/Krankenpflegerin *Rentner/Rentnerin*

所有冠詞 1（主）格	
mein	Vater (*r*) Kind (*s*)
meine	Mutter (*e*) Eltern (*pl.*)

von ... …に関しては
r Beruf, -e 職業
Angestellte（女性）
Angestellter（男性）
会社員

arbeiten の現在人称変化	
du	arbeit**est**
er sie	arbeit**et**

Teilzeit arbeiten
パートタイムで働く
arbeitslos sein
失業中である
nicht arbeiten
働いていない
selbstständig sein
自営業である

Arzt/Ärztin 医者
Bankangestellte/r
銀行員
Beamter/Beamtin
公務員
Frisör/Frisörin
理髪師・美容師
Hausmann/..frau
主夫・主婦
Handwerker/in 職人
Erzieher/in
幼稚園の先生
Krankenpfleger/in
看護師
Rentner/in 年金生活者

3. Ist Ihr Vater streng? お父さんは厳しいですか

CD2-70
↓169

Dialog 3

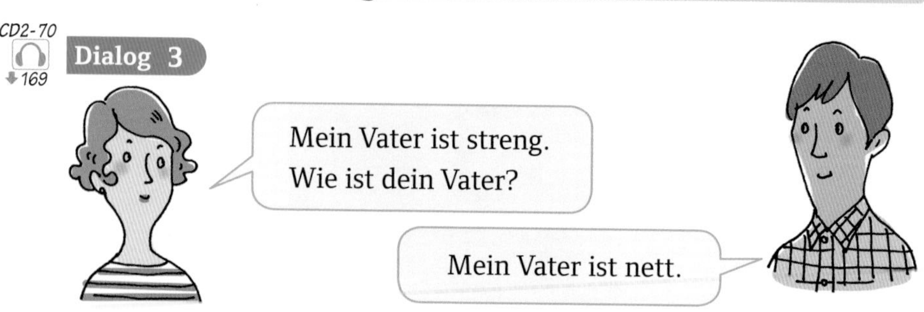

Mein Vater ist streng.
Wie ist dein Vater?
Mein Vater ist nett.

streng 厳しい

nett 親切な、優しい

Übung 3 まず外見を表す言葉と内面や印象を表す言葉に分けなさい。横に１本の線が引けます。下の語彙を使って、家族の性格・特徴などについて話しなさい。
Sprechen Sie über Ihre Familienmitglieder. Benutzen Sie die folgenden Vokabeln.

CD2-71
↓170

alt 年とった
jung 若い
groß 大きい
klein 小さい
dick 太った
dünn やせた
schlank すらりとした
hübsch きれいな、かわいい
schön 美しい
attraktiv 魅力的な
interessant 興味深い
lustig 愉快な
freundlich 親切な
langweilig 退屈な
sympathisch 好感の持てる、感じのよい
intelligent 聡明な
fleißig 勤勉な
faul 怠惰な

Übung 4 下の人物の体型・容姿について例にならって作文しなさい。
また、どういう人物か、あなたの意見を書きなさい。
Wie sehen die Personen aus? Wie finden Sie die Personen?

Wolfgang ist klein und dick. Ich finde ihn lustig.
Christine ist ______________________________

finden (…と) 思う

人称代名詞３人称単数	
１格	４格
er	ihn
sie	sie
es	es

4. Haben Sie Geschwister? ご兄弟はいますか

2-72 171

Dialog 4

Hast du Geschwister?

Ja, ich habe einen Bruder und eine Schwester. Und du?

Ich habe keine Geschwister. Ich bin Einzelkind. Und du?

Ich habe zwei Brüder, aber keine Schwester.

Übung 5 兄弟の有無を尋ねなさい。Fragen Sie sich gegenseitig.

5. Wie alt ist Ihr Bruder? お兄さん／弟さんは何歳ですか

2-73 172

Dialog 5

Wie alt ist dein Bruder?

Er ist 23.

Ist er auch Student?

Nein, er arbeitet schon. Er ist Krankenpfleger. Und dein Bruder?

Er ist 17 und noch Schüler.

Übung 6 家族の年齢と職業を尋ねなさい。Fragen Sie sich gegenseitig.

6. Familie Schneider シュナイダー家

Lesetext Julia erzählt

D2-74 173

Meine Familie wohnt in Stuttgart. Meine Eltern sind beide berufstätig. Mein Vater ist Ingenieur und arbeitet bei einer Autofirma. Er spielt gern Golf und geht gern ins Kino. Meine Mutter ist Erzieherin und arbeitet in einem Kindergarten. Sie liest gern Romane und geht gern einkaufen.

Ich habe eine Schwester und einen Bruder. Meine Schwester ist verheiratet und wohnt in Berlin. Sie ist Hausfrau und hat zwei Kinder. Mein Bruder studiert Wirtschaft in Augsburg. Er ist 21 Jahre alt und fotografiert gern.

Übung 7 自分の家族について作文しなさい。Schreiben Sie über Ihre Familie.

不定冠詞 4（目的）格	
einen	Bruder (*r*)
ein	Kind (*s*)
eine	Schwester (*e*)
—	Geschwister (*pl.*)

否定冠詞 4（目的）格	
keinen	Bruder (*r*)
kein	Kind (*s*)
keine	Schwester (*e*)
keine	Geschwister (*pl.*)

kein ［否定冠詞］ない
*否定文
不定冠詞がつく名詞の否定には **kein** を用いる。
(☞ 51 ページ)

s Einzelkind 一人っ子

wie alt（英 *how old*）
何歳

erzählen 話す
berufstätig
職業に就いている
e Firma, Firmen 会社
r Kindergarten, ¨
幼稚園

verheiratet
結婚している

7. Lea und ihre Familie レアとその家族

CD2-75 ⬇174

トムとレアがレアの家族アルバムを見ています。音声を聞き、メモをとりなさい。Tom und Lea betrachten ein Fotoalbum von Leas Familie. Hören Sie und ergänzen Sie die Information.

s Alter 年齢

Vater
Beruf : ☐ Beamter ☐ Angestellter ☐ selbstständig
Alter : ________________
Hobbys : ________________ ________________

Schwester
Beruf : ________________
Alter : ________________
Hobby : ________________________________

Wer ist das?
☐ Leas Bruder ☐ Leas Cousin ☐ Leas Freund
Hobby : ________________________________

Lea
Hobby : ________________________________

Mutter
Beruf : ☐ Krankenpflegerin ☐ Frisörin
☐ Apothekerin
Hobbys : ________________ ________________

Eine große Familie 大家族

イラストの家族一人一人に名前をつけ、これまで学習した語彙や表現をできるだけたくさん使って、この家族について話し、作文しなさい。Erzählen und schreiben Sie über die Familie in der Zeichnung. Geben Sie den Personen Namen. Benutzen Sie möglichst viele bisher gelernte Vokabeln und Redemittel.

Grammatik

1. 名詞の複数形

名詞の複数形には５つのパターンがある。

語尾		辞書の表示		
なし	変音するものがある	(¨)	Lehrer – Lehrer	Bruder – Brüder
e		(¨) e	Heft – Hefte	Sohn – Söhne
er		(¨) er	Kind – Kinder	Buch – Bücher
n または en	変音しない	-[e]n	Schwester – Schwestern	Frau – Frauen
s		-s	Baby – Babys	Auto – Autos

* -in で終わる名詞には nen がつく：Schülerin—Schüler*innen*

* Eltern（両親）、Geschwister（兄弟姉妹）、Leute（人々）など、複数形だけの名詞もある。

2. 冠詞の使い方 (3)

職業・身分を表すときは、無冠詞。

Mein Vater ist **Beamter**.　　Ich bin **Studentin**.

3. 不定冠詞・否定冠詞・所有冠詞の１（主）格と４（目的）格

男性名詞１格	男性名詞４格	中性名詞１・４格	女性名詞１・４格	複数１・４格
ein Sohn	einen Sohn	ein Kind	eine Tochter	— Eltern
kein Sohn	keinen Sohn	kein Kind	keine Tochter	keine Eltern
mein Sohn	meinen Sohn	mein Kind	meine Tochter	meine Eltern

6 Gegenstände und Einkaufen

品物の名前を尋ねなさい。Fragen Sie sich gegenseitig.

CD2-76 175

Wie heißt „kasa" auf Deutsch?
„Regenschirm".
Das heißt „Regenschirm".

CD2-77 176

☐ *r* Regenschirm, -e

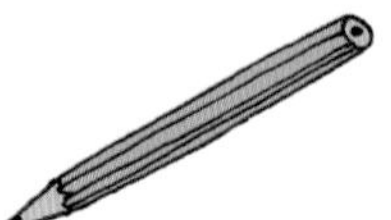

☐ *r* Bleistift, -e

☐ *e* Zeitung, -en

☐ *e* Monatskarte, -n

☐ *r* Kugelschreiber, -

☐ *s* Handy, -s

☐ *s* Taschentuch, ¨-er

☐ *s* Ringbuch, ¨-er

☐ *s* Wörterbuch, ¨-er

☐ *s* Buch, ¨-er

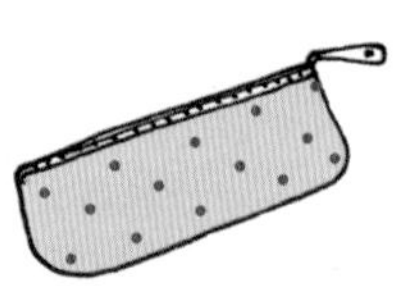

☐ *s* Etui, -s

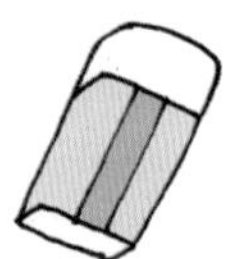

☐ *r* Radiergummi, -s

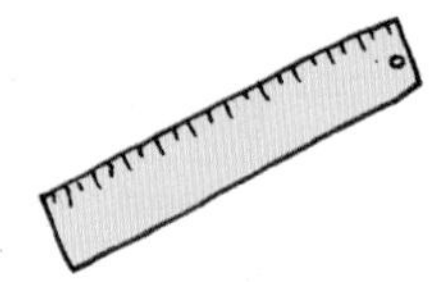

☐ *s* Lineal, -e

☐ *s* Heft, -e

☐ *e* Digitalkamera, -s

☐ *r* MP3-Spieler, -

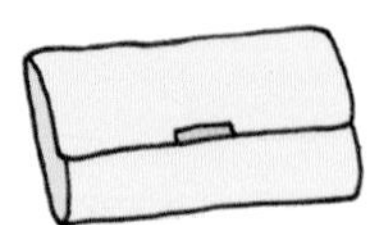

☐ *s* Portmonee, -s

☐ *r* PC, -s

☐ *e* DVD, -s

☐ *r* Rucksack, ¨-e

r Gegenstand, ¨-e 物　*s* Einkaufen 買い物

対話を聞いて、リザとティムが大学生活を始めるにあたって、必要なものに×をつけなさい。
Was brauchen Lisa und Tim zum Studienbeginn? Hören Sie und kreuzen Sie an.

CD2-78 177

1. Das ist keine Zeitung. これは、新聞ではありません

CD2-79 178

Dialog 1

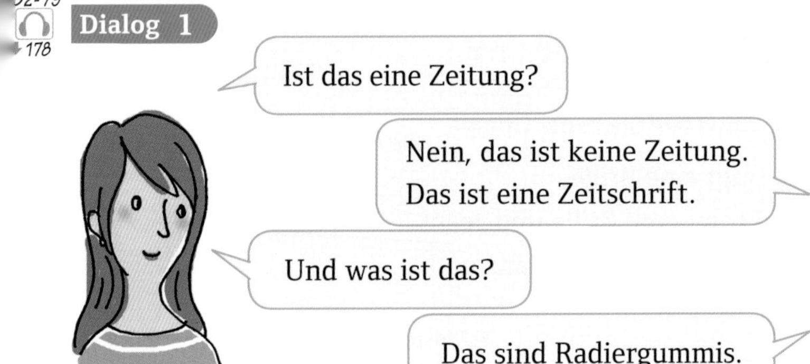

Ist das eine Zeitung?
Nein, das ist keine Zeitung. Das ist eine Zeitschrift.
Und was ist das?
Das sind Radiergummis.

Übung 1 上の例にならって、46 ページの単語を使って対話しなさい。
Üben Sie mit den Bildern auf Seite 46.

2. Haben Sie einen Kugelschreiber? 鉛筆を持っていますか

Übung 2 例にならって、友達に a の物を借りる対話をしなさい。Machen Sie folgende Dialoge. Sie möchten die Gegenstände „a" haben.

CD2-80 179

○ Hast du einen Kugelschreiber?

● Ja, hier bitte.

○ Danke. ... Moment mal! Ich brauche keinen Bleistift. Ich brauche einen Kugelschreiber.

● Oh, Entschuldigung, hier bitte sehr.

○ Danke schön.

CD2-81 180

a	*s* Heft	*r* Sonnenschirm	*s* Wörterbuch	*r* MP3-Spieler	*e* Kamera
b	*s* Buch	*r* Regenschirm	*s* Lehrbuch	*r* DVD-Spieler	*s* Handy

3. Ja, ich habe einen. はい、持っています

CD2-82 181

Dialog 2

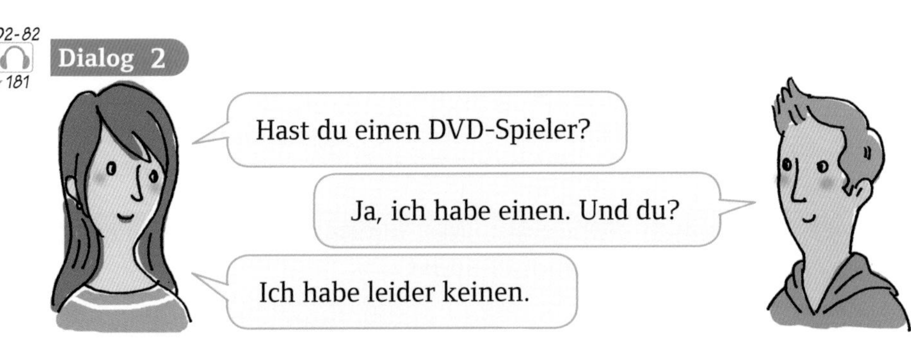

Übung 3 グループになり質問しなさい。Fragen Sie in der Gruppe.

不定冠詞・否定冠詞 1（主）格	
ein / kein	PC (*r*)
ein / kein	Heft (*s*)
eine / keine	DVD (*e*)
— / keine	Bücher (*pl.*)

e Zeitschrift, -en 雑誌

不定冠詞・否定冠詞 4（目的）格	
einen / keinen	PC (*r*)
ein / kein	Heft (*s*)
eine / keine	DVD (*e*)
— / keine	Bücher (*pl.*)

Moment mal! ちょっと待ってください

brauchen 必要とする

r Sonnenschirm, -e 日傘

s Lehrbuch, ¨-er 教科書

不定代名詞・否定代名詞 4（目的）格	
einen / keinen	(*r*)
eins / keins	(*s*)
eine / keine	(*e*)
welche / keine	(*pl.*)

4. Was trägt Lisa? リザは何を身につけていますか

Übung 4 グループで例にならってリザが身につけているものを１つずつ増やしながら交代で言いなさい。
Sprechen Sie in der Gruppe.

Bsp. : ● Lisa trägt eine Brille.
○ Lisa trägt eine Brille und Jeans.
● Lisa trägt eine Brille, Jeans und ...

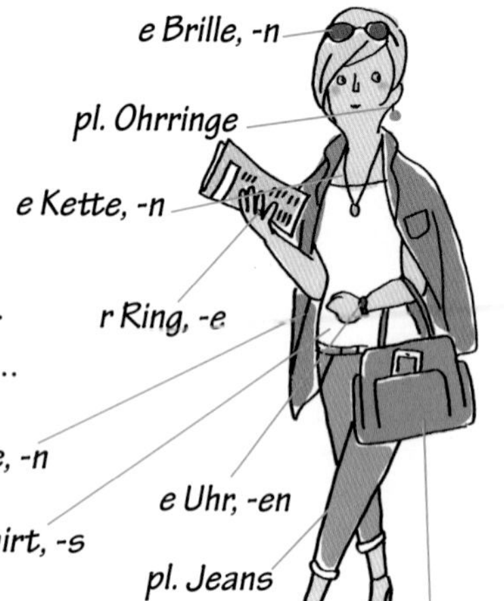

5. Jugendliche und Taschengeld 若者とおこづかい

Lesetext

CD2-83
182

Jugendliche in Deutschland bekommen von ihren Eltern unterschiedlich viel Taschengeld. Das meiste Taschengeld bekommen 18-Jährige, nämlich 70 € pro Monat. Jugendliche zwischen 16 und 17 Jahren bekommen monatlich 35-45 € Taschengeld. Mit 14 und 15 Jahren bekommen Jugendliche von ihren Eltern 25-30 € Taschengeld pro Monat. 10-12-Jährige haben nicht so viel Taschengeld. Ihre Eltern geben ihnen 15-20 € pro Monat. Am wenigsten bekommen Kinder mit 6 Jahren und 7 Jahren (2-3 € pro Monat).
Das Taschengeld benutzen Jugendliche am häufigsten für das Ausgehen am Abend, nämlich 59,4%. Auch Kleidung ist bei Jugendlichen sehr beliebt. 57,9% geben dafür ihr Taschengeld aus. Junge Deutsche gehen auch gerne ins Kino (29,9%) oder kaufen Musik CDs (21,4%). Für Sport benutzen 19,1% ihr Taschengeld. Schuhe kaufen ist mit 31,85% auch sehr beliebt.

(aus: *Statistisches Jahrbuch 2015*)

Übung 5 ドイツの若者が親からいくらおこづかいをもらい、何に使っているか、上の文を読んで、表に書き入れなさい。
Wie viel Taschengeld bekommen Jugendliche von ihren Eltern und wofür benutzen sie es? Tragen Sie die Daten in die Tabelle ein.

Alter	Taschengeld	Wofür geben Jugendliche ihr Taschengeld aus?	Prozent (%)
	70 €	Ausgehen am Abend	
16-17			
			19,1 %

tragen 身につけている、着る、かぶる、はく

e Uhr, -en 時計

pl. Jugendliche 青少年
s Taschengeld 小遣い銭
bekommen もらう、受け取る
unterschiedlich 異なった、さまざまな
meist 最も多くの
18-Jährige 18歳の人
nämlich すなわち
pro Monat 月に
zwischen …の間の
monatlich 月に
am wenigsten 最も少なく
am häufigsten 最も頻繁に
für (+4格) …のために
s Ausgehen 外出
e Kleidung 衣服
aus|geben 支出する、使う（分離動詞 ☞ 75ページ）
dafür そのために
wofür 何のために

6. Im Geschäft 店で

CD2-84 183

Dialog 3

Haben Sie Ohrringe?

Ja, natürlich. Hier bitte sehr.

Was kosten sie?

39 Euro.

Und was kosten die Ohrringe hier?

Nur 23 Euro.

Gut, ich nehme die Ohrringe für 23 Euro.

Übung 6 店でジーンズと靴を買う対話をしなさい。
Machen Sie ähnliche Dialoge mit Jeans und Schuhen.

7. Wie finden Sie den Ring? この指輪をどう思いますか

CD2-85 184

Dialog 4

Wie findest du den Ring?

Den finde ich toll. Und du?

Ich finde ihn sehr teuer.

Übung 7 互いの持ち物について、感想を言いなさい。
Machen Sie Dialoge. Benutzen Sie die Vokabeln unten.

CD2-86 185

nur ただ…だけ

nehmen
取る、（ここでは）買う

finden の現在人称変化	
du	findest
er	findet

定冠詞・指示代名詞 1（主）格・4（目的）格	
der	den
das die die (*pl.*)	1（主）格と同形

＊すぐ前の語を受けて文頭に置くときには指示代名詞を使う。

人称代名詞（3人称） 1（主）格・4（目的）格	
er	ihn
es sie sie (*pl.*)	1（主）格と同形

preiswert 買い得な
praktisch 実用的な
teuer 値段の高い
toll すてきな、すばらしい
schlecht 悪い
altmodisch 流行遅れの
nützlich 役に立つ
super, fantastisch
すてきな、すばらしい
billig 安い
schick しゃれた

8. Sie machen ein Picknick. Was brauchen Sie?

ピクニックをします　何が必要ですか

Übung 8 空欄に指示代名詞を入れ、グループになって質問しなさい。Ergänzen Sie die Demonstrativpronomen. Fragen Sie in der Gruppe.

CD2-87 186

Ein Radio? <u>Das</u> brauchen wir nicht.

Schokolade? ______ hole ich.

Obst? ______ haben wir schon.

Saft? ______ kaufe ich.

Papiertaschentücher? ______ sind schon da.

Wein? ______ ist auch schon da.

holen
買って来る、取りに行く

kaufen 買う

s Papiertaschentuch, ¨er
ティシュペーパー

da sein ある

e Decke, -n
おおい、シート

r Teller, - 皿

r Becher, - カップ

e Papierserviette, -n
ペーパーナプキン

9. Was haben die Leute in ihrer Tasche? 何を持っていますか

Übung 9 音声を聞いて、該当するものに×をつけなさい。Hören Sie und kreuzen Sie an.

CD2-88 187

	Brille	Bücher	Handy	Hefte	Portmonee	Digitalkamera	Wörterbuch
S1	□	□	□	□	□	□	□
S2	□	□	□	□	□	□	□
S3	□	□	□	□	□	□	□
S4	□	□	□	□	□	□	□
S5	□	□	□	□	□	□	□

Elektronische Geräte in deutschen Haushalten

Kühlschrank	100%
Kaffeemaschine	100%
Smartphone	98%
Waschmaschine	96%
Flachbildfernseher	91%
Festnetztelefon	85%
Personalcomputer mobil	83%
Mikrowellengerät	74%
Geschirrspülmaschine	73%
Gefrierschrank/-truhe	49%

（aus:*Statistisches Bundesamt 2021, statista 2020, 2021*）

pl. elektronische Geräte 電化製品

in deutschen Haushalten
ドイツの家計の中の

r Kühlschrank, ¨e
冷蔵庫

e Waschmaschine, -n
洗濯機

e Mikrowelle, -n
電子レンジ

e Geschirrspülmaschine, -n
食器洗い機

Grammatik

1. 指示代名詞　das（これ、それ、あれ）

Was ist **das**? これは、何ですか。　— **Das** ist ein Wörterbuch. それは辞書です。

Wie heißt **das** auf Deutsch? それは、ドイツ語で何といいますか。

— **Das** heißt „Zeitschrift". これは Zeitschrift といいます。

Wer ist **das**? あちらの方はどなたですか。

— **Das** sind Herr und Frau Meier. あちらはマイヤーご夫妻です。

*遠近を明確にしたいときは、das hier（英 *this*），das da/dort（英 *that*）

2. 定冠詞と人称代名詞（3 人称）の 4（直接目的）格、人称代名詞 1（主）格

男性	Wie finden Sie **den Ring**?	Ich finde **ihn** schön, aber **er** ist klein.
中性	Wie finden Sie **das Etui**?	Ich finde **es** preiswert, aber **es** ist altmodisch.
女性	Wie finden Sie **die Kette**?	Ich finde **sie** schön, aber **sie** ist teuer.
複数	Wie finden Sie **die Schuhe**?	Ich finde **sie** gut, aber **sie** sind unpraktisch.

3. 不定冠詞と定冠詞

話し手や聞き手にとって、新しい情報（未知のこと）には不定冠詞を、
旧情報（既知のこと）には定冠詞を使う。

Das ist **ein** *Heft*.　Das sind *Hefte*. それは、ノートです。

Das ist **das** *Heft*.　Das sind **die** *Hefte*. それが、そのノートです。

4. 否定文の作り方 (2)

① **ein** の否定は **kein**。

Ist das **eine Zeitung**?　– Nein, das ist **keine Zeitung**. Das ist **eine Zeitschrift**.

Haben Sie **einen Bruder**?　– Nein, ich habe **keinen Bruder**.

Hast du **Geschwister**?　– Nein, ich habe **keine Geschwister**.

② 無冠詞で使う抽象的な名詞を否定するときは **kein**。

Haben Sie **Zeit**? 時間がありますか。　— Nein, ich habe **keine Zeit**. いいえ、ありません。

Ich habe **Durst**. Du auch? 喉が渇いた。君もか。　— Nein, ich habe **keinen Durst**. いいや、私は渇いていない。

Hast du **keinen Hunger**? おなかはすいていないのか。　— Doch, ich habe **Hunger**. いや、すいている。

5. 不定代名詞、否定代名詞の 4（直接目的）格

Hast du einen Computer? — Ja, ich habe **einen**.
＼ Nein, ich habe **keinen**.

男性	中性	女性	複数
einen	eins	eine	welche
keinen	keins	keine	

6. 指示代名詞の 1（主）格と 4（直接目的）格

目前の物をさして言うとき、名詞を省略して定冠詞を
そのまま指示代名詞（アクセントが付く）として使う
ことができる。文頭にくることが多い。

	男性	中性	女性	複数
1 格	der	das	die	
4 格	den			

Die Tasche, **die** ist praktisch.

Wie findest du *den Computer*?　— **Den** finde ich super.

Ich finde **ihn** gut. (~~Ihn~~ finde *ich* gut.)　*人称代名詞 4 格（目的語）が文頭にくることはない。

Ja, das kann ich! 3

Stammbaum

Wechselspiel A ⇄ B Fragen Sie sich gegenseitig und ergänzen Sie den Stammbaum.
互いに質問し、家系図の空欄を補いなさい。(B auf Seite 99. B は 99 頁)

A: Wie heißt Leos Großmutter? B: Sie heißt Isolde.

B: ______________________? A: ______________________.

A

Großvater
N: Hanning
G: Stralsund
W: ______
A: 80
B: ______

Großmutter
N: Isolde
G: ______
A: ______
B: Rentnerin
H: Wandern

Tante
N: ______
G: Zürich
W: ______
H: Lesen

Onkel
N: ______
G: Hamburg
A: ______
B: Lehrer

Vater
N: Michael
G: Hamburg
A: 57
B: ______
H: Angeln

Mutter
N: Sabine
G: ______
W: ______
A: 55
B: Erzieherin

Cousin
N: ______
W: Wien
A: 31
H: Segeln

Cousine
N: Amelia
W: Amsterdam
A: ______
B: Journalistin

Bruder
N: ______
A: 25
B: Angestellter
H: Fußball spielen

Schwester
N: Hanna
A: 21
B: Studentin
H: ______

Leo

N=Name 名前 G=Geburtsort 出身 W=Wohnort 住んでいるところ A=Alter 年齢
B=Beruf 職業 H=Hobby 趣味

Wechselspiel A ⇄ B Was brauchen die Personen zum Picknick? Fragen Sie Ihre/n Partner/in und zeichnen Sie die Antworten ein. Und was brauchen Sie? Zeichnen Sie 2 Gegenstände, fragen Sie sich gegenseitig und zeichnen Sie die Antworten ein.
自分がピクニックに必要とする物を２つ描き入れなさい。互いに質問し、答えを人と物を結ぶ線で書き入れなさい。(B auf Seite 100.)

A: Was braucht Peter zum Picknick? B: Er braucht ______________________

Aussprache

CD2-89 ↓188 Hören Sie und sprechen Sie nach.

au: auch, *Laura* **ei**: eins, ______ **eu**: Europa, ______ **äu**: Fräulein, ______
ch: Nacht, ______ **ch**: nicht, ______ **chs**: wechseln, ______ **ig**: vierzig, ______
sch: Wirtschaft, ______ **tsch**: tschüs, ______ **st**: Stadt, ______ **sp**: Sport, ______
ss: bisschen, ______ **ß**: groß, ______

CD2-90 ↓189 Hören Sie und ordnen Sie die Wörter zu. 音声を聞いて、例にならって単語を上の表に書き入れなさい。

Meine Tochter heißt Laura, ist sechsundzwanzig Jahre alt und wohnt in Deutschland. Sie studiert in München Psychologie und spricht sehr gut Englisch und Deutsch, aber nicht so gut Russisch. Am Wochenende fährt sie gern Rad und besichtigt dabei schöne alte Häuser.

CD2-91-92 ↓190-191 **Wortschlange**

Meine Schwester arbeitet (manchmal/abends/Teilzeit/bei einer Firma).
Ich kaufe (heute/für meine Freundin/im Geschäft) Ohrringe.

CD2-93-94 ↓192-193 **Zungenbrecher**

Nachts im dichten Fichtendickicht nicken dichte Fichten tüchtig.

Ein braver Hai isst Haferbrei.

Essen und Trinken in Deutschland

Was sehen Sie auf den Bildern? Schreiben Sie!

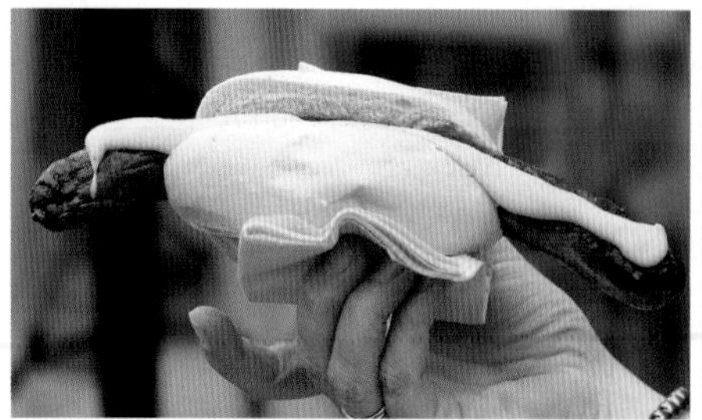

das Brötchen, die Serviette

die Wurst, der Senf

die Gabel

r Senf マスタード

Einkaufen und Gegenstände

e Bäckerei

e Buchhandlung

r Marktstand

Spiel Was möchten Sie kaufen? Spielen Sie in Gruppen.

A: Ich möchte ein Brötchen kaufen. Und du?
B: Ich möchte ein Brötchen und einen Bleistift kaufen. Und du?
C: Ich möchte ein Brötchen, einen Bleistift und eine Uhr kaufen. Und du?
A: Ich …

7 Nach den Ferien

CD2-95
↓194

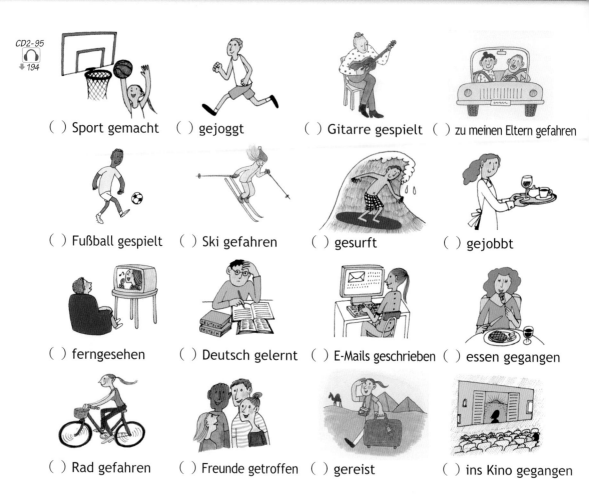

( ) Sport gemacht ( ) gejoggt ( ) Gitarre gespielt ( ) zu meinen Eltern gefahren

( ) Fußball gespielt ( ) Ski gefahren ( ) gesurft ( ) gejobbt

( ) ferngesehen ( ) Deutsch gelernt ( ) E-Mails geschrieben ( ) essen gegangen

( ) Rad gefahren ( ) Freunde getroffen ( ) gereist ( ) ins Kino gegangen

CD2-96-99
↓195-198

休みについてのインタビューを聞いて、該当するイラストに対話 1-5 の番号を記入しなさい。
Hören Sie die Interviews. Was haben die Studierenden in den Ferien gemacht? Notieren Sie die Nummern der Dialoge 1-5.

もう一度インタビューを聞いて、下の文を完成しなさい。
Hören Sie die Interviews noch einmal und ergänzen Sie die Sätze.

D1	Ich habe ____________ ____________ . Ich bin mit Freunden zusammen nach Spanien ____________ .
D2	Ich habe in einem Restaurant ____________ . Abends habe ich nur noch ____________ .
D3	Ich bin mit Freunden zusammen ____________ ____________ .
D4	Ich bin ____________ ____________ ____________ .
D5	Ich habe ____________ ____________ .

1. Was haben Sie in den Ferien gemacht? 休みに何をしましたか

CD3-01 199

Dialog 1

Was habt ihr in den Ferien gemacht?

Wir haben eine Reise nach Spanien gemacht. Und du?

Ich habe oft Freunde getroffen und wir sind zusammen essen gegangen. Und was hast du gemacht?

Ich habe gejobbt.

haben	sein
gelernt	Auto gefahren
gespielt	gesurft
gejobbt	geschwommen
eingekauft	einkaufen gegangen
aufgeräumt	zu Hause geblieben
besucht	ins Kino gegangen

 **Übung 1** 休みにしたことを話しなさい。
Fragen Sie sich gegenseitig in Gruppen.

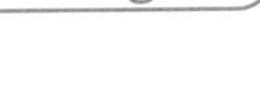 **Übung 2** 下の語句を使い、尋ねられたことをまだしていない理由を述べなさい。
Machen Sie Dialoge.

CD3-02 200

○ Hast du <u>die Wäsche gewaschen</u>?

● Nein, noch nicht.

○ Ja, warum denn nicht?

● Ich <u>habe ein Buch gelesen</u>.

CD3-03 201

1. das Referat schreiben — E-Mails lesen
2. dein Zimmer aufräumen — in die Stadt fahren
3. Deutsch lernen — joggen
4. Klavier üben — fernsehen
5. das Geschirr spülen — mit Freunden chatten
6. Hausaufgaben machen — einkaufen gehen

現在完了形

(助動詞)
haben
sein
+ 過去分詞（文末）

規則動詞の過去分詞

-[e]n → ge-t
machen → gemacht
arbeiten → gearbeitet
aufräumen
→ aufgeräumt

besuchen → besucht
fotografieren
→ fotografiert

不規則動詞の過去分詞

treffen → getroffen
gehen → gegangen
fahren → gefahren
schwimmen
→ geschwommen
bleiben → geblieben

treffen 会う
jobben バイトする
surfen サーフィンをする
auf|räumen 片付ける
besuchen 訪問する
zu Haus[e] 家に
bleiben とどまる
e Wäsche 洗濯物
waschen 洗う
→ gewaschen
noch nicht まだ…ない
warum なぜ
lesen → gelesen
schreiben
→ geschrieben
schlafen
→ geschlafen
üben 練習する
fern|sehen
→ ferngesehen

s Geschirr 食器
spülen
すすぐ、(食器を) 洗う
chatten チャットする
e Hausaufgabe, -n
宿題

2. Was hat Tobias am Wochenende gemacht?

トビアスは週末に何をしましたか

CD3-04

202

Dialog 2

Was hat Tobias am Wochenende gemacht?

Er hat ehrenamtlich gearbeitet.

ehrenamtlich arbeiten
ボランティア活動をする

Übung 3 次の人物が週末にしたことを話しなさい。

Leon

Miyuki

Frau Müller

Takahisa und Daisuke

Sayaka

Herr Meier

Michael

Anna und Yuka

Frau Fischer

Tim

Julia und Max

Herr und Frau Bach

3. Haben Sie schon einmal Tischtennis gespielt?

卓球をしたことがありますか

CD3-05

203

Dialog 3

Hast du schon einmal Tischtennis gespielt?

Nein, noch nie. Und du?

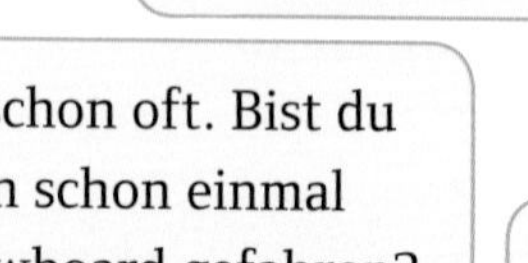

Ja, schon oft. Bist du denn schon einmal Snowboard gefahren?

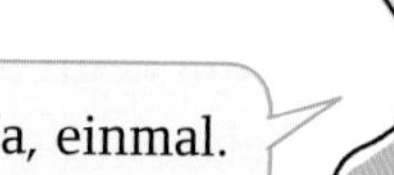

Ja, einmal.

Übung 4 経験したことがあるかどうか話しなさい。Machen Sie Dialoge.

CD3-06

204

im Unterricht geschlafen *deinen Schlüssel vergessen* *Schlittschuh gelaufen*
Geld verloren *Snowboard gefahren* *dein Handy verloren* *den Bus verpasst*
im Kino geschlafen *die Hausaufgaben vergessen*

einmal 一度、かつて
schon einmal
（過去の経験を表す）
noch nie
いまだかつて…ない
r Unterricht 授業
r Schlüssel, - 鍵、キー
vergessen 忘れる
→ vergessen
s Geld お金
verlieren 失う
→ verloren
r Schlittschuh, -e
スケート
laufen 歩く、走る
→ gelaufen
verpassen 乗り遅れる
→ verpasst

4. Eine E-Mail von Hanna ハンナからのメール

Lesetext

D3-07 205

Hallo, wie geht es dir?

Was hast du in den Ferien *gemacht* (machen)?

Meine Schwester Luisa und ich sind nach Österreich ___________ (fahren). In Wien sind wir in ein Konzert ___________ (gehen) und haben klassische Musik ___________ (hören). Und wir haben Apfelstrudel ___________ (essen). In Salzburg haben wir die Burg ___________ (sehen) und dann ___________ (einkaufen). Es war super.

Viele Grüße
deine Hanna

r Apfelstrudel, - アプフェル・シュトゥルーデル
e Burg, -en 城、城塞
ein|kaufen 買い物をする
war（sein の過去形）3 人称単数（→ 12 課）

Übung 5 例にならって空欄を補いなさい。Ergänzen Sie die Verben im Perfekt.

Übung 6 質問に答えなさい。Beantworten Sie die Fragen.

D3-08 206

1. Wer ist mit Hanna nach Österreich gefahren?
2. Was haben sie in Wien gemacht?
3. Was haben sie in Salzburg gemacht?
4. Wie war es?

Übung 7 自分の夏休みについて返事のメールを書きなさい。Schreiben Sie eine Antwort-Mail und berichten Sie über Ihre Ferien.

5. Was haben die Leute am Wochenende gemacht?

人々は週末何をしましたか

Übung 8 対話を聞いて、正しいものに×をつけなさい。
Hören Sie das Gespräch und kreuzen Sie an.

D3-09 207

	aufgeräumt	essen gegangen	Essen gekocht	Freunde getroffen	gejobbt	gejoggt	gelernt	gelesen
1	☐	☐	☐	☐	☐	☐	☐	☐
2	☐	☐	☐	☐	☐	☐	☐	☐
3	☐	☐	☐	☐	☐	☐	☐	☐
4	☐	☐	☐	☐	☐	☐	☐	☐

6. Gestern ist Jan Auto gefahren. 昨日、ヤンは自動車を運転しました

Übung 9 左の絵に合う文を下から選んで書き入れなさい。それから例にならって右の絵に合う文を書きなさい。Ordnen Sie die Sätze den Bildern zu. Schreiben Sie dann die Sätze zu den übrigen Bildern.

CD3-10 208

gestern きのう

Gestern	Heute
Gestern ist Jan Auto gefahren.	Heute fährt er Rad.
________________	________________
________________	________________
________________	________________
________________	________________
________________	________________

ins klassische Konzert
クラシックコンサートへ

essen → gegessen
trinken → getrunken
sehen → gesehen

Gestern hat Jan Baseball gesehen.
Gestern hat Jan viel Fleisch gegessen.
Gestern ist Jan ins Rockkonzert gegangen.
~~Gestern ist Jan Auto gefahren.~~
Gestern hat Jan Comics gelesen.
Gestern hat Jan Bier getrunken.

Übung 10 上の例にならって、自分の昨日と今日について文を書きなさい。
Schreiben Sie ähnliche Sätze über sich selbst.

Übung 11 疑問文を完成させ、質問に「はい」で答えられるクラスメートを探しなさい。
Ergänzen Sie die Fragen. Suchen Sie Personen, die mit „Ja" antworten.

CD3-11 209

1. Hast du in den Ferien Eis ________________ (essen)?
2. Hast du in den Ferien ________________ (jobben)?
3. Hast du in den Ferien Sport ________________ (machen)?
4. Hast du in den Ferien Comics ________________ (lesen)?
5. Bist du in den Ferien ________________ (reisen)?
6. Bist du in den Ferien ins Kino ________________ (gehen)?

Was hat Paul in den Ferien gemacht?

下の単語をすべて使って、パウルが休み中にしたことを現在完了形で書きなさい。
Schreiben Sie eine Geschichte mit den folgenden Wörtern.

fahren	essen	trinken	gehen	vergessen	verpassen	zurückkommen

Perfektspiel ⚀ ich ⚁ du ⚂ er/sie/es ⚃ wir ⚄ ihr ⚅ sie/Sie

さいころを振って、下の動詞を使って現在完了形の文を作りなさい。正しい文が作れたら1点で動詞を消せます。
Würfeln Sie und bilden Sie einen Perfektsatz mit einem der Verben aus dem Kasten. Wenn der Satz richtig ist, bekommen Sie einen Punkt und können das Verb aus dem Kasten streichen.

telefonieren	einkaufen	fahren	arbeiten	essen	gehen	schwimmen
trinken	joggen	kommen	lesen	schreiben	kochen	spielen

Grammatik

1. 現在完了形

過去の事柄を表現するとき、会話では現在完了形を使う。ただし、sein、haben、話法の助動詞は、過去形をよく使う。(→ 12 課参照)

① 現在完了形は、助動詞（**haben** または **sein** の現在人称変化したもの）と動詞の過去分詞で作られる。

sein を取る動詞（辞書に s. と記載）

（1）場所の移動を表す自動詞　fahren, gehen, kommen など
（2）状態の変化を表す自動詞　werden（…になる）など
（3）その他　sein, bleiben など

上記以外の動詞は haben を助動詞とする。

② 過去分詞の作り方

規則変化動詞は、語頭に **ge** が付き語尾が **t** となる。　machen - **ge**mach**t**

非分離の（アクセントがない）前綴りがある動詞、-ieren で終わる動詞には、ge が付かない。

*be*suchen - *be*sucht　fotograf*ieren* - fotograf*iert*

分離動詞は、分離する前綴りと動詞の間に ge がはいる。（分離動詞☞75 ページ）

*auf*räumen - *auf*geräumt　*fern*sehen - *fern*gesehen

不規則変化動詞は付録及び辞書参照。

③ 語順

現在人称変化した haben または sein が２番目（疑問詞を伴わない決定疑問文は文頭）に、過去分詞が文末にくる。

Was **hast** du am Wochenende **gemacht**?
Ich **bin** mit meiner Mutter einkaufen **gegangen**.
Haben Sie schon einmal Tischtennis **gespielt**?

8 Wohnen

CD3-12

210

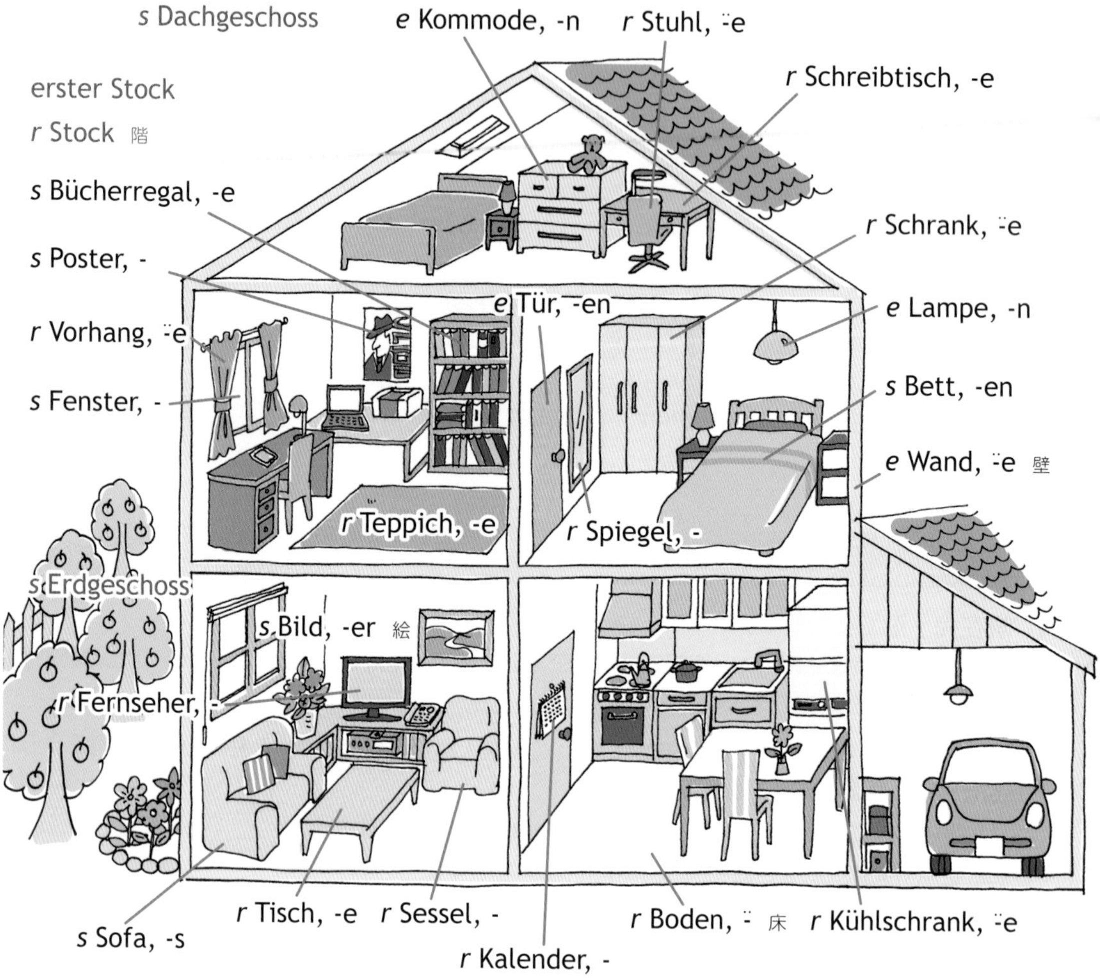

s Dachgeschoss

erster Stock

r Stock 階

s Erdgeschoss

e Kommode, -n
r Stuhl, ¨-e
r Schreibtisch, -e
s Bücherregal, -e
s Poster, -
r Vorhang, ¨-e
s Fenster, -
e Tür, -en
r Schrank, ¨-e
e Lampe, -n
s Bett, -en
e Wand, ¨-e 壁
r Teppich, -e
r Spiegel, -
s Bild, -er 絵
r Fernseher, -
s Sofa, -s
r Tisch, -e
r Sessel, -
r Kalender, -
r Boden, ¨- 床
r Kühlschrank, ¨-e

対話を聞いて正しいものに×をつけなさい。
Hören Sie das Gespräch und kreuzen Sie die richtigen Antworten an.

CD3-13
211

1. Wo war Rüdiger am Wochenende?
 □ Im Studentenheim. □ Bei seinen Eltern. □ In einem Hotel mit Garten.
2. Wo steht die Kommode? □ In der Küche. □ Im Wohnzimmer. □ Im Dachgeschoss.
3. Wo hat Rüdiger einen Roman gelesen?
 □ Auf dem Sessel. □ Auf dem Sofa. □ Am Schreibtisch.
4. Wo ist das Bücherregal? □ Im Hobbyraum. □ Im Arbeitszimmer. □ Im Schlafzimmer.
5. Was kann man im Garten sehen? □ Apfelbäume. □ Tomaten. □ Erdbeeren.

1. Die Wohnung von Frau Müller ミュラーさんの住宅

Lesetext

D3-14 212

Das ist die Wohnung von Frau Müller. Die Wohnung ist 120 m^2 groß und kostet 850 Euro. Sie hat ein Wohnzimmer, ein Schlafzimmer, ein Arbeitszimmer, ein Kinderzimmer, eine Küche, ein Bad, eine Toilette, einen Flur, einen Balkon und einen Keller.

e Wohnung, -en 住居、住宅
von ... …の
m^2 = Quadratmeter
r Keller, - 地下室

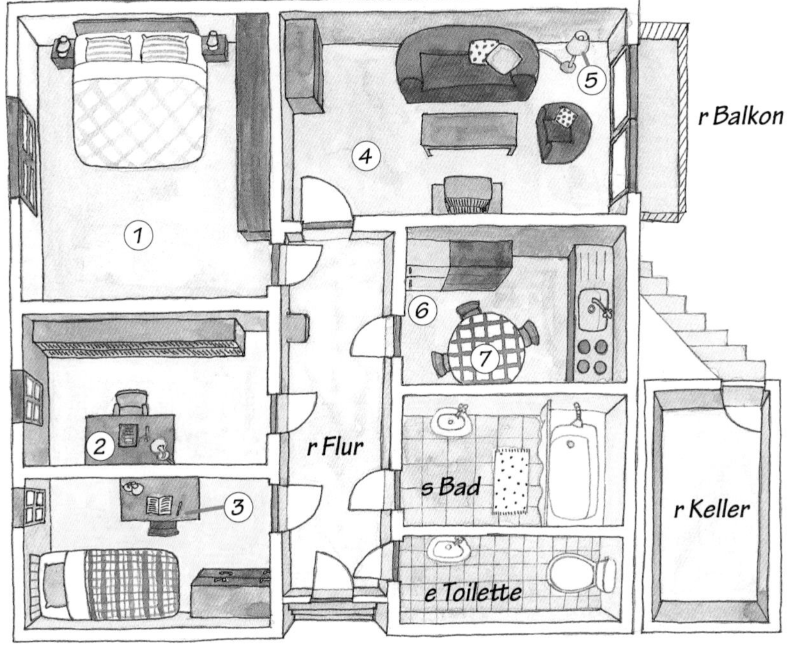

Übung 1 例にならって空欄を埋めなさい。Ergänzen Sie.

D3-15 213

a) *schlafen* + *das Zimmer* → das Schlafzimmer → Nr. [1]
b) ________ + ________ → das Wohnzimmer → Nr. [ ]
c) ________ + ________ → der Schreibtisch → Nr. [ ]
d) ________ + ________ → der Esstisch → Nr. [ ]
e) ________ + ________ → die Stehlampe → Nr. [ ]

Übung 2 自分の住まいの図を描き、話しなさい。Beschreiben Sie Ihre Wohnung.

Das ist meine Wohnung. / Das ist das Haus von meinen Eltern.
Sie hat ein Wohnzimmer, ... / Es hat ein Wohnzimmer, ...

In der Mitte ist der Flur. Links sind die Küche und das Wohnzimmer. Rechts ....
....

s Haus, ⸚er 家

e Mitte 中央、真ん中
links 左に
rechts 右に

前置詞 +3 格
dem (*r, s*) der (*e*)

an 際（側面）に

auf 上に

unter 下に

über 上方に

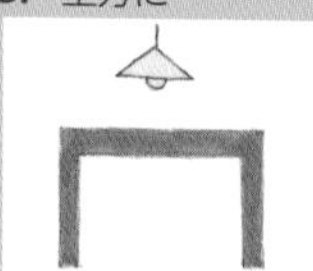

in 中に

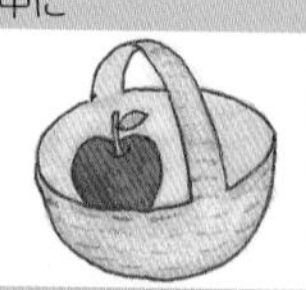

vor 前に

hinter 後ろに

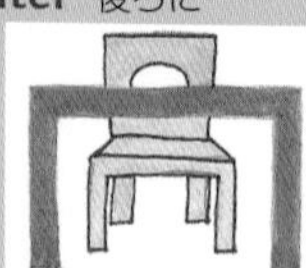

neben 横に

zwischen 間に

2. Das Zimmer von Paul パウルの部屋

Übung 3 絵のなかに語を記入しなさい。Ergänzen Sie.

Übung 4 絵を見ながら、左右を結んで文を作りなさい。Was passt zusammen? Verbinden Sie die Textteile nach der Zeichnung oben.

CD3-16 214

1. Das Poster hängt
2. Der Teddybär sitzt
3. Das Regal ist
4. Der Stuhl steht
5. Die Uhr hängt
6. Der Fernseher ist
7. Die Bücher stehen
8. Das Radio steht
9. Der Spiegel hängt

a. unter dem Schreibtisch.
b. an der Wand.
c. neben der Tür.
d. im Regal.
e. vor dem Schreibtisch.
f. über dem Fenster.
g. auf dem Regal.
h. hinter dem Wecker.
i. zwischen dem Computer und dem Telefon.

1.	
2.	
3.	
4.	
5.	
6.	
7.	
8.	
9.	

Übung 5 ほかのものについても、どこにあるか互いに話しなさい。
Wo sind die anderen Gegenstände? Fragen Sie sich gegenseitig.

○ Wo ist der Computer? / das Sofa? / die Kommode?
Wo sind die Vorhänge?

● Er / Es / Sie ist ....
Sie sind ....

Übung 6 自分の部屋を説明しなさい。聞き手は説明に従って図を描きなさい。
Beschreiben Sie Ihr Zimmer, Ihr Partner/Ihre Partnerin soll es nach Ihrer Beschreibung zeichnen.

3. Wohnen Sie bei Ihren Eltern? ご両親とお住まいですか

03-17 215

Dialog 1

Wo wohnst du? Bei deinen Eltern?
Ja, ich wohne bei meinen Eltern.
Ich wohne im Studentenheim.
Ich wohne mit meinem Bruder und meiner Schwester zusammen.
Ich wohne allein. Ich habe eine Wohnung.

s Studentenheim, -e 学生寮

allein 一人で
*ドイツでは大学生になると親から離れて住むことが多い。

Übung 7 クラスメートがどんな住み方をしているか尋ねシートに記入しなさい。Fragen Sie 4 Personen.

Sayaka				
Studentenheim				

応用語句
zur Untermiete 下宿

4. Wie teuer ist die Miete? 家賃はいくらですか

03-18 216

Dialog 2

310 Euro im Monat.

Sie ist 24 m² groß.

e Einzimmerwohnung ワンルームマンション

wie teuer いくら
e Miete 家賃

im Monat 月に

wie groß どのくらいの大きさ・広さ
$24\,m^2$ = おおよそ15畳
($1.62\,m^2$ = おおよそ1畳)

Übung 8 家賃と部屋の広さを尋ねなさい。Machen Sie ähnliche Dialoge.

Name	Daisuke			
Miete	30 000 Yen			
Größe	$16\,m^2$			

$16\,m^2$ = おおよそ10畳

5. Mia sucht ein Zimmer. ミアは部屋を探しています

Lesetext

CD3-19

217

Mia studiert Philosophie in Heidelberg, aber sie wohnt bei ihrer Familie außerhalb der Stadt. Jetzt sucht sie im Internet ein Zimmer in der Nähe der Uni. Sie geht gern spazieren und möchte zu Fuß zur Uni gehen. Ihre Fakultät liegt zentral. Mia hat nicht so viel Geld, sie möchte selbst kochen.

Philosophie 哲学
außerhalb (+ 2格) 〜の外に
suchen 探す
e Nähe 近い所
e Uni, -s 大学
der Uni 大学の（2格）
zu Fuß 徒歩で
e Fakultät, -en 学部
liegen （ある場所に）ある
zentral 中心地に
selbst 自分で
e Wohnfläche 居住面積
pl. Nebenkosten 共益費
r Neubau 新築
e Einbauküche システムキッチン
möbliert 家具付きの
e Lage 位置、場所
e Kaution 敷金
WG = Wohngemeinschaft ルームシェア（ひとつの住宅で、各自が個室を持ち、台所、浴室、トイレ等を共同で使用）
e Straßenbahnhaltestelle 路面電車の停留所

Nr. 1

Studentenzimmer
TEL (06221) 0 73 65 43
keine Küche, aber großes Zimmer
15 Minuten mit dem Rad zur Uni!
260 € Miete | 30 m² Wohnfläche | 1 Zimmer
Nebenkosten 60 €

Nr. 2

1 Zimmer-Wohnung
TEL (06221) 0 73 52 38
Neubau, Einbauküche
möbliert, zentrale Lage
450 € Miete | 30 m² Wohnfläche | 1 Zimmer
Nebenkosten 80 €
Kaution 2 Monatsmieten

Nr. 3

Zimmer in WG
TEL (06221) 0 70 51 86
Küche + 2 Bäder!
zentrale Lage
320 € Miete | 30 m² Wohnfläche | 1 Zimmer
Nebenkosten 60 €

Nr. 4

1 Zimmer-Wohnung
TEL (06221) 0 71 34 54
Möbliert! Nicht zentral, aber nur
50 m zur Straßenbahnhaltestelle!
360 € Miete | 25 m² Wohnfläche | 1 Zimmer
Nebenkosten 50 €
Kaution 1 Monatsmiete

Übung 9 上の文と４つの物件を読み、質問に答えなさい。Lesen Sie den Text und die vier Angebote. Beantworten Sie dann die Fragen.

CD3-20 218

1. Was kosten die Zimmer? Wie teuer sind die Nebenkosten?
2. Wie groß sind die Zimmer?
3. Was glauben Sie? Welches Angebot wählt Mia?

welch どの
s Angebot, -e 商品
wählen 選ぶ
nach (+3格) fragen …について質問する

6. Mia fragt nach der Wohnung. ミアは住まいについて尋ねます

Übung 10 対話を聞き、正しいものに×をつけなさい。
Hören Sie das Gespräch und kreuzen Sie an.

CD3-21 219

1. Wie viele Zimmer hat die Wohnung? □ 4 □ 5 □ 6
2. Wie viel zahlt jeder? □ 318 € □ 320 € □ 360 € □ 380 €
3. Wie groß ist das Zimmer? □ 13 m² □ 30 m² □ 180 m²
4. Wie ist die Küche? □ hell □ dunkel □ klein
5. Was braucht Mia? □ Schrank □ Bücherregal □ Schreibtisch
6. Wann besichtigt Mia die Wohnung?
□ Dienstagmittag □ Mittwochvormittag □ Donnerstagnachmittag

zahlen 支払う
jeder 各人が
hell 明るい
dunkel 暗い
besichtigen 見物する

Wo ist was?

CD3-22 ↓220

対話を聞いて、空欄に適切な前置詞と定冠詞を補いなさい。Hören Sie und ergänzen Sie.

1. ________ ________ Haustür steht ein Fahrrad.
2. ________ ________ Haus steht ein Auto.
3. ________ ________ Haus und ________ Garage sind Blumen.
4. ________ ________ Haus steht ein Baum.
5. ________ Schornstein ist eine Antenne.
6. ________ ________ Haus fliegt ein Flugzeug.
7. ________ ________ Straße spielen zwei Kinder.
8. ________ ________ Auto sitzt ein Hund.

Zwischen *Am* *Unter* *Über* *Vor*

Hinter *Auf* *Neben* *der* *dem*

* am (= an + dem)

1. 前置詞 (1)

① 名詞の３（間接目的）格と結びついて存在や活動の場所を表す。

*名詞の４（直接目的）格と結びつくときは、移動の方向を表す（☞ 10・11 課）。

an（際に、側面に）　in（中に）　auf（上に）　unter（下に）　vor（前に）
hinter（後ろに）　über（上方に）　neben（横に）　zwischen（間に）

Die Uhr hängt **an** *der Wand*.　Der Kühlschrank steht **in** *der Küche*.
Auf *dem Tisch* steht eine Lampe.　**Unter** *dem Bett* liegt ein Teppich.

② 前置詞と定冠詞の融合形

an, in が定冠詞 dem（男性・中性３格）と結びつく時は、
am (= **a**n+de**m**), im (= **i**n+de**m**) の形で使われることが多い。
Er arbeitet **am** Tisch.　Die Bücher stehen **im** Regal.
*この他に　beim, hinterm, vorm, unterm　など

③ **bei** +（常に）３格　（人・会社など）のところに（で）　Ich wohne **bei** *meinen Eltern*.
Er arbeitet **bei** *Siemens*.

mit +（常に）３格　と（一緒に）　Ich wohne **mit** *meinem Bruder* zusammen.

2. 定冠詞、所有冠詞の３（間接目的）格

	男性　中性	女性	複数
定冠詞	dem	der	den　-n
所有冠詞	meinem	meiner	meinen　-n

*複数３格は、名詞の後にも n が付く。
例　mit **den** Geschwister**n**
-s で終わる語には n が付かない。

Grammatik

Ja, das kann ich!　4

Fragen Sie sich gegenseitig. (B auf Seite 101)

A

1. Wo ist/sind …?　Wo hängt …?　Wo liegt …?　Wo sitzt …?　Wo steht …?

Fragen Sie Ihre/n Partner/in und zeichnen Sie ins Bild.
次の５つの物がどこにあるかをパートナーに尋ね、答えを下の絵に描き入れなさい。

r Teddybär　　*e* Taschenlampe

①

hängen　掛かっている
liegen　（横にして）置いてある
sitzen　座っている
stehen　（立てて）置いてある
s Kissen, -　クッション
e Tafel　黒板
s Aquarium　水槽
r Ball　ボール

2. Wohin hängt …?　Wohin legt …?　Wohin setzt …?

Fragen Sie Ihre/n Partner/in und zeichnen Sie die Antworten mit dem Pfeil und der Nummer ins Bild oben. どこへ置くかをパートナーに質問し、答えを番号付き矢印で上の絵のなかに書き入れなさい。

①

r Drachen

②

s Tamburin

③

e Puppe

hängen　掛ける
legen　（横にして）置く
setzen　座らせる

A: Wohin hängt Ritas Vater ____?
B: Er hängt den Drachen neben die Uhr.

Wohin legt Ritas Mutter ____?
____

Wohin setzt Rita ____?
____

Beantworten Sie die Fragen Ihres Partners/Ihrer Partnerin. パートナーの質問に答えなさい。

④

B: Wohin stellt ____?
A: Sie stellt die Milch ____

⑤

r Kleiderbügel

______________________?
Sie hängt den Kleiderbügel ___

⑥

stellen
（立てて）置く
e Gitarre

______________________?
Er stellt die Gitarre ___

Ja/Nein-Fragespiel „Bist/Hast du schon einmal …?"
質問を完成し、„Ja" で答えられる人を探して、文を書きなさい。

Frage	Name
1. Hast du schon einmal den Schlüssel *vergessen*?	*Lena*
2. Bist du schon einmal Schlittschuh ________________?	________
3. Hast du schon einmal den Bus ________________?	________
4. Hast du schon einmal dein Handy ________________?	________
5. Bist du schon einmal Snowboard ________________?	________
6. Bist du schon einmal nach Europa ________________?	________
7. Hast du schon einmal deutsch ________________?	________

gelaufen gegessen verloren ~~vergessen~~ gereist gefahren verpasst

Lena hat schon einmal den Schlüssel vergessen.

____

____

____

Aussprache

CD3-23 ↓221

r oder l?

Hören Sie und sprechen Sie nach.

r [ɐ̯],[ɐ] er, fährt, Wörter, wir, Morgen   [r] Raum, Rom, Bruder, früh, Beruf

l laut, langweilig, Polizist, Milch, Nudeln, Salat, Äpfel

Was hören Sie? Kreuzen Sie an.

CD3-24 ↓222

1.	2.	3.	4.	5.	6.
☐ Rahm	☐ spüren	☐ Rind	☐ hören	☐ Kraut	☐ fährt
☐ lahm	☐ spülen	☐ Lindt	☐ Höhlen	☐ klaut	☐ fällt

CD3-25-26 ↓223-224

Wortschlange

Ich bin (gestern/mit einem Freund/10 km/im Park) gejoggt.

Sie hat (am Wochenende/zwei Stunden/zu Hause/Deutsch) gelernt.

CD3-27-28 ↓225-226

Zungenbrecher

Sieben Schneeschaufler schaufeln sieben Schaufeln Schnee.

Wenn der Benz bremst, brennt das Benz-Bremslicht.

9 Uhrzeit und Datum

音声を聞いて、下線部に時刻を補いなさい。Hören Sie und ergänzen Sie.

CD3-29 227

Uhrzeiten formell 公式（24 時制）

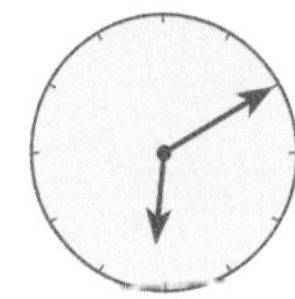 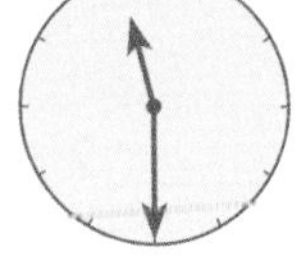 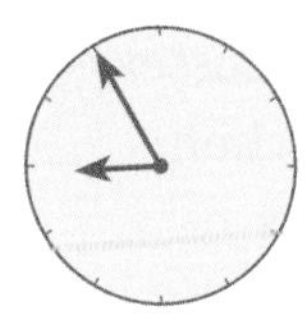 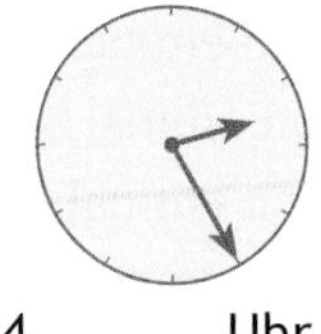 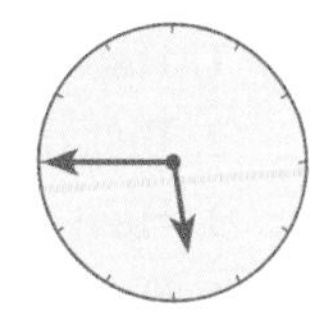

1. 6:10 Uhr　2. ______ Uhr　3. ______ Uhr　4. ______ Uhr　5. ______ Uhr

Uhrzeiten informell / im Gespräch 会話（12 時制）

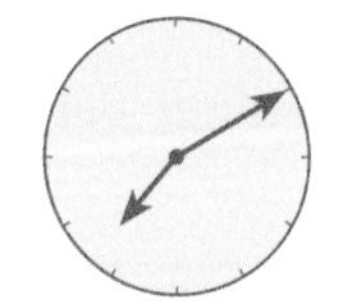 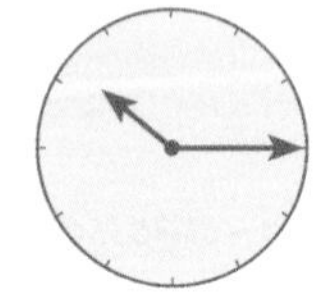

6. ______ nach ______　7. Viertel ______ ______　8. ______ vor ______.

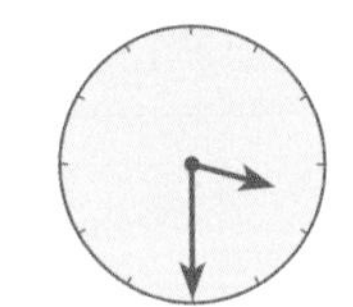 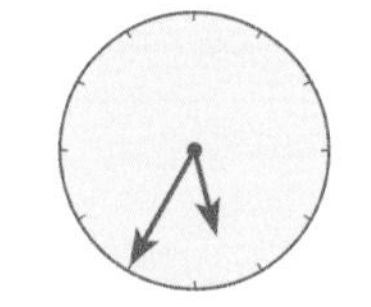 

9. halb ______　10. ______ nach halb ______　11. ______ vor ______.

CD3-30 228

上の時計と時刻をよく見て、規則をみつけなさい。
Schauen Sie noch einmal die Uhren und die Uhrzeiten an. Wie ist die Regel?

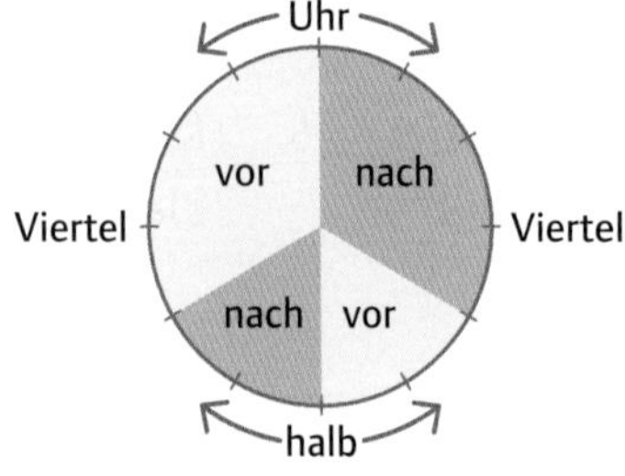

Man schreibt	Man sagt
00:45 Uhr / 12:45 Uhr	Viertel vor eins
01:00 Uhr / 13:00 Uhr	ein Uhr / eins
01:15 Uhr / 13:15 Uhr	Viertel nach eins
01:30 Uhr / 13:30 Uhr	halb zwei

CD3-31 229

同じ時刻を示す表現を線で結びなさい。Ordnen Sie zu.

1. zwölf Uhr fünfundzwanzig	17:50	fünf nach elf
2. neunzehn Uhr vierzig	11:45	halb fünf
3. dreiundzwanzig Uhr fünf	12:25	Viertel vor zwölf
4. siebzehn Uhr fünfzig	16:30	fünf vor halb eins
5. elf Uhr fünfundvierzig	23:05	zwanzig vor acht
6. sechzehn Uhr dreißig	19:40	zehn vor sechs

Uhr （…）時
vor … …の前
nach … …のあと
Viertel 15 分、4 分の 1
halb （…時）半、半分の

1. Wie spät ist es? 何時ですか

D3-32 230

Dialog 1

Wie spät ist es?

Es ist zehn nach vier.

spät（時間的に）遅い
wie spät 何時

Übung 1 時刻を尋ねなさい。Fragen Sie sich gegenseitig nach den Uhrzeiten.

D3-33 231

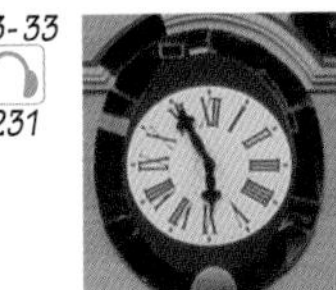
1.

2.

3.

4.

5.

6.

応用語句
kurz vor ...
…少し前
kurz nach ...
…少し過ぎ

Übung 2 好きな時刻の針を入れなさい。相手の時刻を尋ね、答えを時計に書き入れなさい。Tragen Sie beliebige Uhrzeiten ein. Fragen Sie und tragen Sie die Antworten ein.

meine Uhrzeiten	Uhrzeiten der Partnerin / des Partners

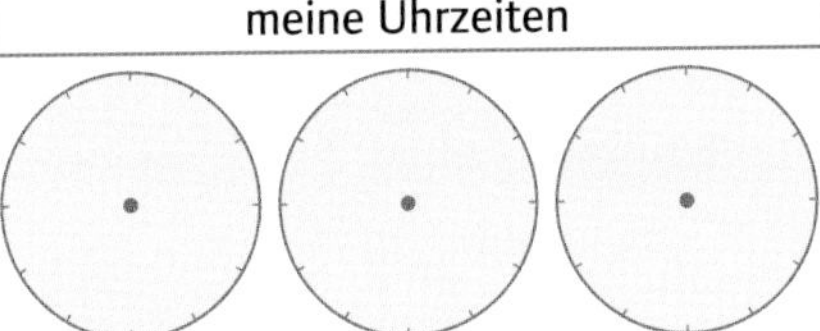

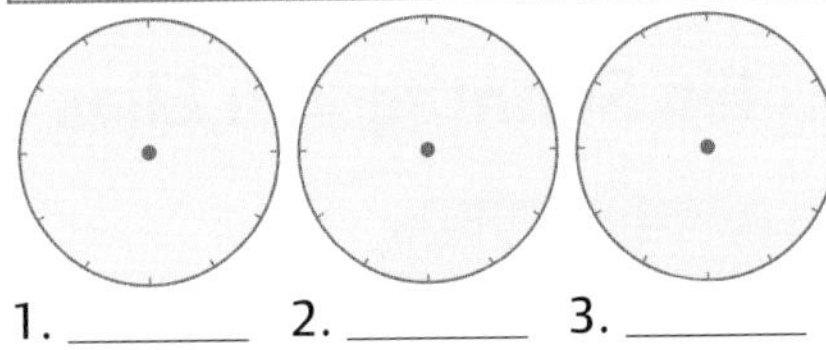

1. ________ 2. ________ 3. ________ 1. ________ 2. ________ 3. ________

um（時刻）…に
wie viel いくつの
wie viel Uhr 何時
auf|stehen 起きる

*分離動詞の語順
前綴りが離れて文末に来る。
Ich stehe ... auf.

2. Um wie viel Uhr stehen Sie auf? 何時に起きますか

CD3-34 232

Dialog 2

Um wie viel Uhr stehst du auf?

Ich stehe um halb sieben auf.

zur = zu+der
zum = zu+dem
zu（+3格）…へ（方向）
（☞ 81 ページ）
an|rufen 電話をかける
(zu) Mittag essen
昼ご飯を食べる
e Vorlesung, -en 講義
besuchen 出席する
pl. Clubaktivitäten
部活動
an（+3格）teil|nehmen
…に参加する
zurück|kommen
帰って来る

Übung 3 自分の一日の行動を話しなさい。Erzählen Sie Ihren Tagesablauf.

CD3-35 233

aufstehen

frühstücken

zur Uni fahren

zum Unterricht gehen

meine Freunde anrufen und zu Mittag essen

eine Vorlesung besuchen

an Clubaktivitäten teilnehmen

nach Hause zurückkommen

3. Wie oft sehen Sie fern? どのくらいテレビを見ますか

CD3-36
↓234

Dialog 3

Wie oft siehst du fern?

Zweimal pro Woche.

Wie lange?

Etwa zwei Stunden.

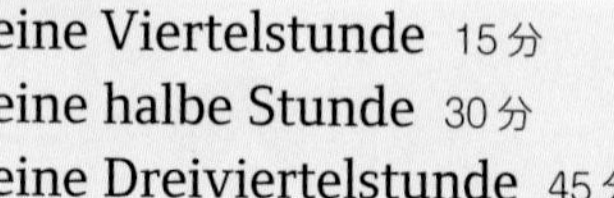

eine Viertelstunde 15分	eine Stunde
eine halbe Stunde 30分	eineinhalb Stunden 1時間半
eine Dreiviertelstunde 45分	zweieinhalb Stunden 2時間半

Übung 4 何をどのくらいするか話しなさい。
Machen Sie ähnliche Dialoge. Benutzen Sie die Vokabeln unten.

jobben | *zu Hause lernen* | *Sport machen* | *Musik hören* | *kochen*
ins Kino gehen | *Deutschunterricht haben* | *im Internet surfen*

4. Ein Sonntag von Elias エリアスの日曜日

Lesetext

CD3-37

↓235

Heute ist Sonntag. Elias schläft aus. Um Viertel vor elf steht er erst auf und geht gleich ins Bad. Dann kocht er Kaffee und frühstückt. Beim Frühstück liest er Zeitung. Danach räumt er die Küche auf. Um ein Uhr geht er noch schnell zur Tankstelle einkaufen. Um Viertel nach zwei ruft er seine Freundin an. Sie sieht gerade fern und wäscht ihre Wäsche in der Waschmaschine. Um vier Uhr trifft er sie in der Stadt und sie gehen zusammen ins Kino. Um halb acht gehen sie in ein Restaurant und essen italienisch.

Übung 5 エリアスの日曜日を私の日曜日に（主語を ich にして）書き換えなさい。
Schreiben Sie über den Sonntag aus der Sicht von Elias.

Heute ist Sonntag. Ich schlafe aus. ______________

Übung 6 例にならって週末のスケジュール表を作成し、互いに話しなさい。
Was machen Sie am Wochenende? Machen Sie einen Terminkalender. Sprechen Sie dann mit Ihrer Partnerin/Ihrem Partner.

Samstag		Sonntag	
10:00-12:00	Baseballtraining	9:45	ein Baseballspiel haben
15:30	Freunde treffen	19:00-24:00	in einer Kneipe jobben

○ Was machst du am Samstag?

● Von zehn bis zwölf habe ich Baseballtraining. Und um …

---

wie oft 何回、何度
zweimal 二回
pro …当たり、…につき
lange 長い間
wie lange どのくらい（の時間）
etwa 約
e Stunde, -n 時間

応用語句
jeden Tag 毎日
einmal 一回
dreimal 三回
pro Tag 一日に
pro Woche 週に
pro Monat 月に
pro Jahr 年に

im Internet surfen インターネットをする

aus|schlafen よく眠る
erst やっと、ようやく
gleich すぐ
danach そのあとで
schnell 急いで
e Tankstelle, -n ガソリンスタンド
gerade ちょうど、その時

von ... bis ... …から…まで

e Kneipe, -n 居酒屋

5. Wann ist die Bibliothek geöffnet? 図書館はいつ開いていますか

Übung 7 対話を聴き、空欄を補いなさい。Hören Sie und ergänzen Sie.

CD3-38 236

Bibliothek — Öffnungszeiten

Mo, ________	: 8:30	- ________	Uhr
________	: ________	- ________	Uhr
________, Fr.	: ________	- ________	Uhr
________	: 9:00	- ________	Uhr

Übung 8 例にならってお互いに質問し、答えを表に書き入れなさい。B の人は、102 ページを開きなさい。Fragen Sie sich gegenseitig. Die Tabelle für B ist auf Seite 102.

CD3-39 237

A: Wann macht die Bibliothek auf?

B: Um 8:45 Uhr. Und sie macht heute um 21 Uhr zu.

A

Bibliothek		Mensa	11:00-16:30
Buchhandlung		Schwimmbad	
Sporthalle	8:15-18:30	Cafeteria	
Kneipe	18:00-24:00	Post	9:00-15:00

Übung 9 今週の予定をお互いに尋ねさい。Fragen Sie sich gegenseitig.

○ Was hast du diese Woche vor?

● Am Montag gehe ich zum Sportklub.

Am Dienstag ______________________________

CD3-40 238

das Zimmer aufräumen　für die Prüfung lernen　ein Referat schreiben
eine Prüfung machen　zum Sportklub gehen　jobben
zu einer Party gehen　kochen　Deutsch lernen
waschen　ins Kino gehen　fernsehen
Einkäufe machen　Hausaufgaben machen　zu meinen Eltern fahren

e Bibliothek, -en 図書館
geöffnet 開いた
geschlossen 閉じた
e Öffnungszeit, -en 開館（営業）時間

wann いつ
auf|machen 開ける、開く
zu|machen 閉める、閉まる
e Mensa, -s/Mensen 学生食堂
e Buchhandlung, -en 本屋、書店
s Schwimmbad, ..er プール
e Sporthalle, -n 体育館
e Cafeteria, -s カフェテリア
e Post 郵便局

vor|haben 予定する
r Klub クラブ

e Prüfung, -en 試験
s Referat, -e レポート

pl. Einkäufe 買い物

Jahreskalender

Kalender 2022

	Januar					
Mo		3	10	17	24	31
Di		4	11	18	25	
Mi		5	12	19	26	
Do		6	13	20	27	
Fr		7	14	21	28	
Sa	1	8	15	22	29	
So	2	9	16	23	30	

	Februar				
Mo		7	14	21	28
Di	1	8	15	22	
Mi	2	9	16	23	
Do	3	10	17	24	
Fr	4	11	18	25	
Sa	5	12	19	26	
So	6	13	20	27	

	März				
Mo		7	14	21	28
Di	1	8	15	22	29
Mi	2	9	16	23	30
Do	3	10	17	24	31
Fr	4	11	18	25	
Sa	5	12	19	26	
So	6	13	20	27	

	April				
Mo		4	11	18	25
Di		5	12	19	26
Mi		6	13	20	27
Do		7	14	21	28
Fr	1	8	15	22	29
Sa	2	9	16	23	30
So	3	10	17	24	

	Mai					
Mo		2	9	16	23	30
Di		3	10	17	24	31
Mi		4	11	18	25	
Do		5	12	19	26	
Fr		6	13	20	27	
Sa		7	14	21	28	
So	1	8	15	22	29	

	Juni				
Mo		6	13	20	27
Di		7	14	21	28
Mi	1	8	15	22	29
Do	2	9	16	23	30
Fr	3	10	17	24	
Sa	4	11	18	25	
So	5	12	19	26	

	Juli				
Mo		4	11	18	25
Di		5	12	19	26
Mi		6	13	20	27
Do		7	14	21	28
Fr	1	8	15	22	29
Sa	2	9	16	23	30
So	3	10	17	24	31

	August				
Mo	1	8	15	22	29
Di	2	9	16	23	30
Mi	3	10	17	24	31
Do	4	11	18	25	
Fr	5	12	19	26	
Sa	6	13	20	27	
So	7	14	21	28	

	September				
Mo		5	12	19	26
Di		6	13	20	27
Mi		7	14	21	28
Do	1	8	15	22	29
Fr	2	9	16	23	30
Sa	3	10	17	24	
So	4	11	18	25	

	Oktober					
Mo		3	10	17	24	31
Di		4	11	18	25	
Mi		5	12	19	26	
Do		6	13	20	27	
Fr		7	14	21	28	
Sa	1	8	15	22	29	
So	2	9	16	23	30	

	November				
Mo		7	14	21	28
Di	1	8	15	22	29
Mi	2	9	16	23	30
Do	3	10	17	24	
Fr	4	11	18	25	
Sa	5	12	19	26	
So	6	13	20	27	

	Dezember				
Mo		5	12	19	26
Di		6	13	20	27
Mi		7	14	21	28
Do	1	8	15	22	29
Fr	2	9	16	23	30
Sa	3	10	17	24	31
So	4	11	18	25	

6. Der Wievielte ist heute? 今日は何日ですか

CD3-41 ↓239

Dialog 4

Was für ein Tag ist heute?

Heute ist Dienstag.

Und der Wievielte ist heute?

Heute ist der dritte.

Ach ja, heute ist Dienstag, der dritte Juli.

Übung 10 明日、明後日、明々後日の曜日の日付を隣の人に尋ねなさい。
Was für ein Tag ist morgen, übermorgen und überübermorgen?

Übung 11 カレンダーを使って日付、曜日を尋ねなさい。
Machen Sie Dialoge anhand des Kalenders.

Übung 12 グループで、互いの誕生日を尋ねなさい。
Fragen Sie sich in Gruppen gegenseitig nach dem Geburtstag.

CD3-42 ↓240

○ Wann hast du Geburtstag?
● Am 20. Oktober.

---

was für どんな
wievielt 何番目の
*日付の言い方
der（序数）e

CD3-43 ↓241

序数	
1番目の	erst
	zweit
	dritt
	viert
	⋮
	neunzehnt
	⋮
	zwanzigst
	einundzwanzigst
	⋮
	dreißigst
	einunddreißigst

*der 7. [siebte]
または [siebente]
übermorgen 明後日
überübermorgen 明々後日

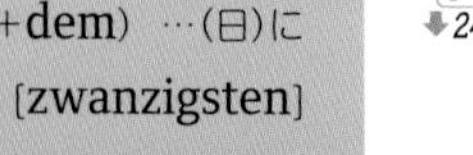

am (an+dem) …(日)に
am 20. [zwanzigsten]
r Geburtstag, -e 誕生日

Das Konzert ist am elften März.

3-44  242

例にならって、対話しなさい。Machen Sie Dialoge wie unten.

○ Wann ist das Konzert?

● Am elften März. Am Sonntag.

März So., 11. s Konzert

April Mo., 30. *e* Fete	Mai Do., 24. *s* Training	Juli Di., 31. *e* Prüfung	Aug. Mi., 1. *r* Ausflug	Okt. Fr., 12. *s* Uni-Fest	Nov. Sa., 17. *r* Film

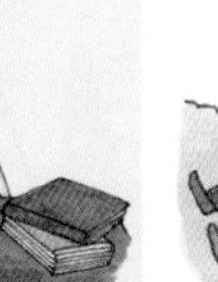

e Fete, -n パーティー、宴会　*s* Training, -s トレーニング
r Ausflug, ¨-e ハイキング　*s* Fest, -e 祭り　*r* Film, -e 映画

Grammatik

1. 非人称動詞の主語 es

時刻や天気など、自然現象について話すときには、es を主語にする。

Wie spät ist **es**? — **Es** ist halb eins.

2. 前置詞 (2)

vor … …の前　fünf **vor** zehn 10時5分前　　vor + 3格 …の前に　**vor** dem Unterricht

nach … …の後　zehn **nach** zwei 2時10分　　nach + 3格 …の後に　**nach** der Vorlesung

um（正確な時刻）…に　**um** acht Uhr

gegen（おおよその時刻）…ころ　**gegen** drei Uhr　**gegen** Mittag

von … bis … …から…まで　**von** drei **bis** fünf 3時から5時まで　**von** Montag **bis** Freitag

ab … …以降　**ab** morgen 明日から　**ab** Mittwoch　**ab** 1. [erstem/ersten] Juni 6月1日以降

an + 3格 …に　**am** 30.（日）　**am** Sonntag（曜日）　**am** Wochenende 週末に

am(=an+dem)　**am** Morgen/Vormittag/Mittag/Nachmittag/Abend 朝／午前／昼／午後／晩に

in + 3格 …に

im(=in+dem)　**im** Januar（月）　**im** Sommer（季節）　**in** der Nacht 夜に

3. 日付・年号の言い方

der 3. [dritte] März 2018 [zweitausendachtzehn] 2018年3月3日

am 7. [siebten または siebenten] Juni 2018 2018年6月7日に

vom 5. [fünften] bis zum 10. [zehnten] 5日から10日まで

1998 [neunzehnhundertachtundneunzig] 1998年に（前置詞なし）

im Juli 2018 2018年7月に

* der erste, am vierten の -e, -en は形容詞の格変化語尾。定冠詞のあとの形容詞語尾は、男性名詞1格と中性・女性名詞1・4格で e、他はすべて en が付く。

4. 分離動詞

前つづりが離れて文末に置かれる動詞を分離動詞といい、前つづりにアクセントがある。

Wann **stehst** du **auf**? — Ich **stehe** um halb sieben **auf**. (áufstehen)

Am Abend **sieht** er **fern** und **ruft** dann seine Freunde **an**. (férnsehen, ánrufen)

10 Stadt und Universität

CD3-45

243

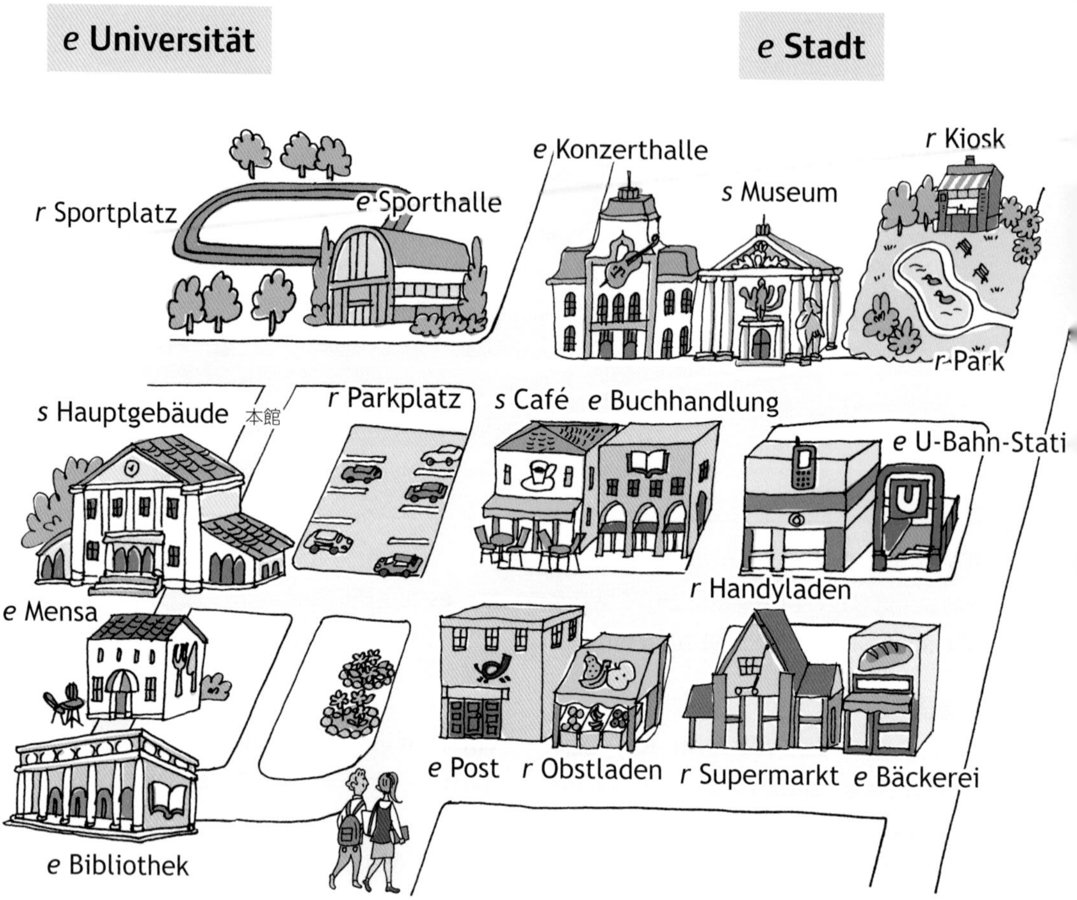

e Universität

e Stadt

r Sportplatz
e Sporthalle
e Konzerthalle
s Museum
r Kiosk
r Park
s Hauptgebäude 本館
r Parkplatz
s Café
e Buchhandlung
e U-Bahn-Stati
r Handyladen
e Mensa
e Post
r Obstladen
r Supermarkt
e Bäckerei
e Bibliothek

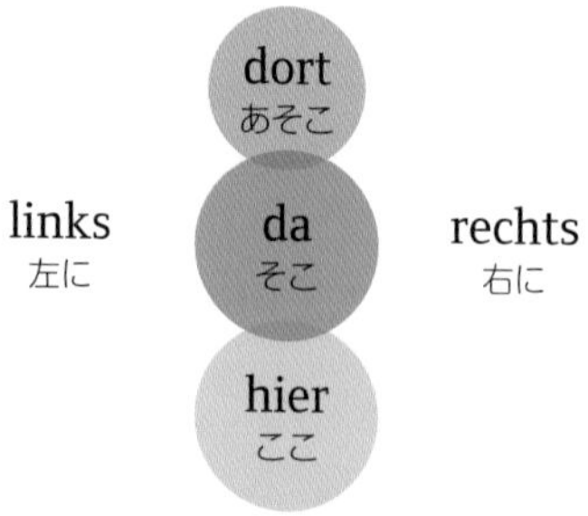

dort あそこ
links 左に
da そこ
rechts 右に
hier ここ

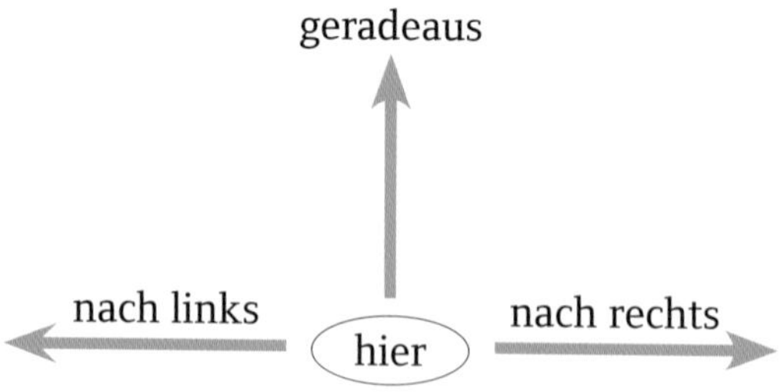

geradeaus
nach links
hier
nach rechts

対話を聞いて、人々がいる場所に×をつけなさい。Wo sind die Leute? Hören Sie und kreuzen Sie an.

CD3-46-50

244-248

D1	□ Auf dem Sportplatz.	□ In der Sporthalle.	□ In der Konzerthalle.
D2	□ Vor der Buchhandlung.	□ Vor der Bibliothek.	□ Vor dem Museum.
D3	□ In der Mensa.	□ Im Obstladen.	□ Im Hauptgebäude.
D4	□ Im Handyladen.	□ In der U-Bahn-Station.	□ Auf der Post.
D5	□ Im Supermarkt.	□ In der Bäckerei.	□ Im Café.

1. Gehen Sie hier geradeaus. ここをまっすぐ行ってください

3-51 249

Dialog 1

Entschuldigung, ich suche den Sportplatz.

Gehen Sie hier geradeaus, dann nach links. Dort ist die Sporthalle. Der Sportplatz ist dahinter.

Danke sehr.

Übung 1 76 ページの図を使い、キャンパスを案内しなさい。Zeigen Sie Besuchern die Universität. Benutzen Sie den Lageplan auf Seite 76.

r Parkplatz

e Mensa

s Hauptgebäude

2. Gibt es hier eine Bäckerei? ここにパン屋はありますか

3-52 250

Dialog 2

Entschuldigung, gibt es hier eine Bäckerei?

Ja. Gehen Sie hier nach rechts. Nach ein paar Metern sehen Sie einen Supermarkt. Die Bäckerei ist gleich daneben.

Ist es weit?

Ich weiß nicht. Ich glaube, etwa fünf Minuten zu Fuß.

Gut. Danke.

Übung 2 76 ページの図を使い、道を教えなさい。
Machen Sie Dialoge. Benutzen Sie den Lageplan auf Seite 76.

r Obstladen

s Café

e Buchhandlung

*命令文
動詞が文頭にくる。

dahinter その後ろに
*前置詞＋代名詞（事物）は、da+ 前置詞となる。
hinter der Sporthalle → dahinter

応用語句
- daneben その隣に
- dazwischen その間に
- gegenüber その向かいに
- gegenüber（+3 格）…の向かいに

ein paar Meter 数メートル
weit 遠い
neben dem Supermarkt → daneben

wissen の人称変化
ich weiß

wissen 知っている

3. Womit fahren Sie zur Uni? 大学への交通手段は

mit（+3 格）
…で（交通手段）

womit どの交通手段で

*前置詞＋疑問詞（事物）は、
wo+ 前置詞となる。

r Bus, -se

CD3-53 251

Dialog 3

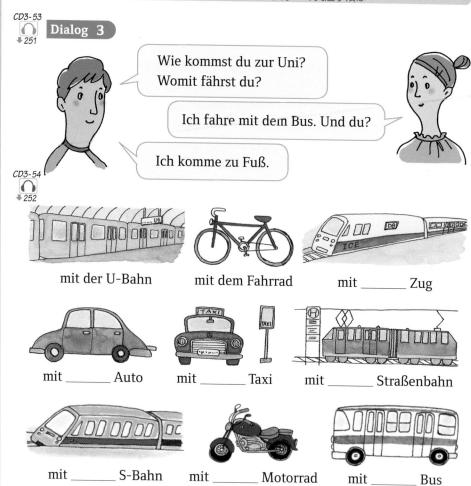

Wie kommst du zur Uni?
Womit fährst du?

Ich fahre mit dem Bus. Und du?

Ich komme zu Fuß.

CD3-54 252

e U-Bahn, -en 地下鉄
s Fahrrad, ¨-er 自転車
r Zug, ¨-e 列車
s Auto, -s
s Taxi, -s
e S-Bahn, -en
都市［高速］鉄道
s Motorrad, ¨-er
バイク

mit der U-Bahn	mit dem Fahrrad	mit _______ Zug
mit _______ Auto	mit _______ Taxi	mit _______ Straßenbahn
mit _______ S-Bahn	mit _______ Motorrad	mit _______ Bus

Übung 3 上の空欄に定冠詞を補いなさい。隣の人と大学への交通手段を話しなさい。
Ergänzen Sie die bestimmten Artikel. Machen Sie ähnliche Dialoge.

Übung 4 大学までの所要時間を尋ねなさい。Machen Sie Dialoge.

CD3-55 253

von zu Haus 家から
bis zu（+3 格）…まで

○ Wie lange brauchst du von zu Haus bis zur Uni?
● Zwanzig Minuten zu Fuß.

4. Wo findet der Vortrag statt? 講演はどこで行われますか

CD3-56 254

Dialog 4

Ich gehe jetzt zum Vortrag.

Wo findet der Vortrag statt?

Im Hauptgebäude.
— Du, ich muss los!

Ja dann, viel Spaß!

r Vortrag, ⸚e 講演

statt|finden 開催される

Ich muss los! 行かなくては

Viel Spaß! 楽しんできてね！

Übung 5 下の催しがどこで行われるのか尋ねなさい。Machen Sie Dialoge.

e Party	*s* Tischtennisspiel	*e* Vorlesung	*s* Konzert
e Mensa	*e* Sporthalle	*r* Raum 401	*s* Gebäude 1

r Raum, ⸚e 部屋、教室

Übung 6 今日大学でしたことを友達に話しなさい。Erzählen Sie Ihren Freunden, was Sie heute an der Uni gemacht haben.

CD3-57 255

○ Was hast du heute an der Uni gemacht?

● Ich habe eine Vorlesung besucht und dann in der Mensa gegessen.

an Clubaktivitäten teilnehmen	zum Unterricht gehen	in der Bibliothek arbeiten
in der Cafeteria Kaffee trinken	mit Professor ... sprechen	meine Freunde treffen

teilnehmen → teilgen*om*men

trinken → getr*u*nken

sprechen → gespr*o*chen

5. Ihre Universität あなたの大学

Übung 7 大学の評判は？友人に尋ねなさい。Fragen Sie Ihre Freunde.

CD3-58 256

● Wie findest du | den Buchladen in der Uni?
Deutsch?
die Bibliothek?
das Essen in der Mensa?

○ Ich finde | ihn ____________
es ____________
sie ____________

r Buchladen, ⸚ 本屋

interessant *langweilig* *leicht* *schwer* *lustig*

gut *schlecht* *nicht so besonders* *groß* *klein*

modern *unmodern* *toll* *super* *fantastisch*

leicht 易しい

schwer 難しい

nicht so besonders それほどでもない

6. Universitäten in Deutschland ドイツの大学

Lesetext

CD3-59 257

In Deutschland gibt es etwa 422 Hochschulen, davon 12% Kunst- und Musikhochschulen, 50% Fachhochschulen und 26% Universitäten. Fast alle Universitäten sind staatlich.* Außer einigen Ausnahmen ist das Studium in Deutschland gebührenfrei. Die meisten Studentinnen und Studenten studieren etwa vier bis fünf Jahre lang und viele sind beim Abschluss 24-25 Jahre alt.

Übung 8 上の文を読み、日本についてインターネットで調べ、作文しなさい。 Lesen Sie den Text. Wie ist es in Japan? Suchen Sie Informationen im Internet und schreiben Sie.

7. Wo ist ...? …はどこですか

CD3-60-64 258-262

Übung 9 対話を聞いて、建物・施設の位置とそこで何時に何が催されるかを書き入れなさい。Hören Sie. Wo sind das Hauptgebäude, das Studentenheim, der Raum 201, die Mensa und der Tennisplatz? Markieren Sie. Was findet dort statt? Und um wie viel Uhr?

1. Hauptgebäude	2. Studentenheim	3. Raum 201	4. Mensa	5. Tennisplatz
ein Uhr	*14:30* Uhr	______ Uhr	______ Uhr	*15:00* Uhr
Vortrag		*Vorlesung*		
A			*B*	

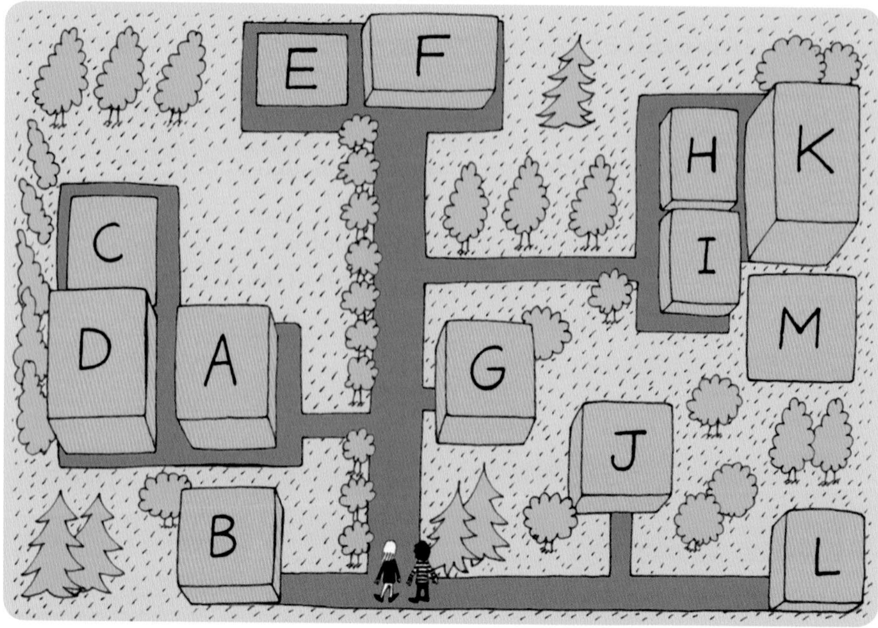

---

e Hochschule, -n 大学

fast ほとんど

alle すべての

staatlich 国立の

＊私立の大学も次第に増えている（2020年には約420大学のうち、私立は約120大学）。

außer（+3格） …を除いて

einige いくつかの

e Ausnahme -n 例外

s Studium 大学での勉強

gebührenfrei 無料の

＊授業料は無料だが、登録等の手数料は必要。

meist たいていの

... lang …の間

vier bis fünf Jahre lang 4～5年間

viele 多くの人

r Abschluss 終了、卒業

beim = bei+dem

bei（+3格） …の時に

„zu“ oder „in“ ?

前置詞（と定冠詞）を補いなさい。Ergänzen Sie.

1. ______ Raum 301　2. ______ Bibliothek　3. ______ Vortrag　4. ______ Frau Bach

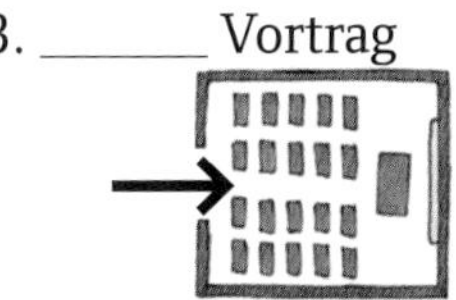

5. ______ Mensa　6. ______ Kino　7. ______ Hauptgebäude　8. ______ Bett

Grammatik

1. 命令文の作り方

動詞が文頭にくる。　**Gehen** Sie hier geradeaus. ここをまっすぐ行きなさい。
Buchstabieren Sie bitte. つづりを言ってください。

2. 前置詞 (3)

①移動の方向　疑問詞は wohin（どこへ）　**Wohin gehst du? — Ich gehe jetzt …**

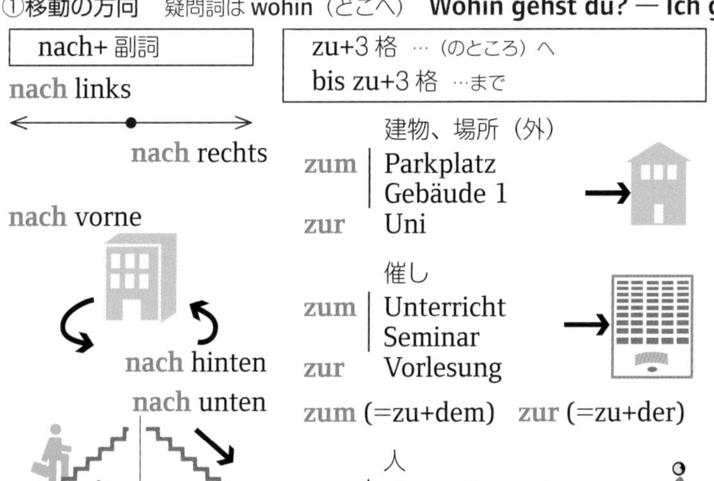

nach+ 副詞	zu+3 格 …（のところ）へ bis zu+3 格 …まで	in+4 格 …（の中）へ
nach links **nach** rechts **nach** vorne **nach** hinten **nach** unten **nach** oben	建物、場所（外） **zum** Parkplatz / Gebäude 1 **zur** Uni 催し **zum** Unterricht / Seminar **zur** Vorlesung **zum** (=zu+dem)　**zur** (=zu+der) 人 **zu** einem Freund / meiner Freundin / den Eltern	建物、場所（中） **in den** Raum 301 **ins** Bad **in die** Uni 催し（中） **in den** Unterricht **ins** Seminar **in die** Vorlesung **ins** (=in+das)

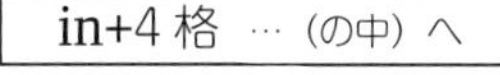

②家へ、家で、家から

wohin?　**nach** Haus[e]
wo?　**zu** Haus[e]
woher?　**von zu** Haus[e]

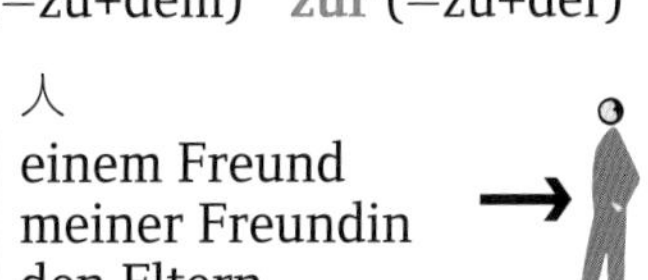

zu mir **nach** Hause 私の家へ
zu meinen Eltern **nach** Hause 実家へ
bei mir **zu** Hause 私の家で
bei meinen Eltern **zu** Hause 実家で

③交通手段　mit + ３格 …で

mit dem Bus / Fahrrad
mit der U-Bahn　＊**zu** Fuß 歩いて
疑問詞は womit（どの交通手段で）
Womit fahren Sie?
　— Ich nehme die U-Bahn.

＊前置詞＋疑問詞 was（事物）は wo+ 前置詞となる。
例：wofür（何のために）　worüber（何について）
人の場合は前置詞＋疑問詞　mit wem（3 格）（誰と）
Mit wem fährst du? — **Mit** meinen Freunden.
４格と結びつく前置詞の場合は前置詞＋ wen
例：für wen（誰のために）　über wen（誰について）

Ja, das kann ich! 5

Wechselspiel A ⇄ B Fragen Sie sich gegenseitig. (B auf Seite 102.)

A

Sie stehen vor dem Bahnhof und suchen **einen Supermarkt, die Bibliothek und ein Kaufhaus**. Fragen Sie Ihre/n Partner/in. Beantworten Sie dann die Fragen Ihres Partners/Ihrer Partnerin.
あなたは駅前にいて、スーパーと図書館とデパートを探しています。パートナーに行き方を尋ね、答の建物にその名を書き入れなさい。また、パートナーの質問に答えなさい。

die erste/zweite/dritte Straße 最初の / 2番目 / 3番目の通りを
e Sprachschule 語学学校　e Bank 銀行　s Kaufhaus デパート

Interviewspiel Wie sieht Ihre Woche aus? Tragen Sie zehn Termine ein. Verabreden Sie sich dann mit Ihrem Partner/Ihrer Partnerin fürs Kino. あなたの一週間の予定を10項目書き入れてから、例にならって、パートナーと映画に行く約束をしなさい。

	Mo.	Di.	Mi.	Do.	Fr.	Sa.	So.
am Nachmittag							
am Abend							

Beispiel (例)

- ● Kommst du mit ins Kino? ○ Ja, gerne. Wann?
- ● Am Dienstagabend? ○ Das geht nicht, da treffe ich Paul.
- ● Und am ________________? ○ Ja, das geht.
- ● Gehen wir dann __________? ○ Ja, super, bis dann.
- ● Bis dann.

Aussprache

CD3-65 263

Hören Sie und sprechen Sie nach.

[t] spät, erst, sitzt, Bett, Mittwoch, statt, Bibliothek, Theater, Bad, Hund, freundlich, Stadt

[ts] abends, nachts, rechts, benutzen, jetzt, zwischen, zusammen

[j] Januar, Juli, jeder, Joghurt

[dj] Jazz, joggen, jobben, Jeans

Was hören Sie? Kreuzen Sie an.

CD3-66 264

1.	2.	3.	4.	5.	6.
□ Abend	□ Freunde	□ Sitz	□ jobben	□ Juni	□ rechts
□ abends	□ Freund	□ sitzt	□ joggen	□ Juli	□ recht

CD3-67 265

Hören Sie und sprechen Sie nach.

Julia steht heute um zwanzig vor acht auf und geht ins Bad. Sie fährt mit dem Fahrrad zur Uni und lernt für Tests in der Bibliothek. Am Nachmittag geht sie ins Geschäft und kauft eine Jacke und ein Paar Jeans. Danach geht sie zum Supermarkt und kauft Brot, Wurst und Zwiebeln. Abends geht sie mit ihrem Freund ins Theater. Sie kommt um zehn nach zehn zurück und geht um zwölf ins Bett.

CD3-68-69 266-267

Wortschlange

Ich räume (am Samstag/um zehn Uhr/mit meinem Bruder/die Wohnung) auf.

Ich fahre (heute/um halb neun/mit der U-Bahn) zur Uni.

CD3-70-71

268-269

Zwei zahme Ziegen zogen zehn Zentner Zucker zum Zoo.

Der Arzt spritzt mit spitzer Spritze.

In der Stadt

KAISER KARLS
GYMNASIUM.
7-9

Coca-Cola
Kommen Sie näher!
Coca-Cola
CAFE
Geöffnet
COFFEE TO GO

DB BAHN
Reisezentrum
DB BAHN
Thalys Store&More
DB BAHN

REFORMHAUS
MERK

U
Bundestag

Schrittgeschwindigkeit beachten

Pasqualini
IMBISS

· Stadt - Apotheke ·
Naturheilmittel

Sehenswürdigkeiten

Dom in Aachen

Deutscher Bundestag in Berlin

Brandenburger Tor in Berlin

Elbflorenz in Dresden

Alsterarkaden in Hamburg

Schloss Hohenschwangau in Schwangau

Goethe und Schiller Denkmal in Weimar

Frauenkirche in Dresden

11 Vor den Ferien

イラストに合う動詞を下線に書きなさい。Ordnen Sie die Vokabeln den Bildern zu.

CD3-72

270

ein Referat / Referate schreiben
eine Autofahrt machen
eine Motorradtour machen
in ein Trainingslager fahren
den Führerschein machen
Camping machen
eine Radtour machen
in den Bergen wandern
reisen
angeln
im Internet surfen
Snowboard fahren
Bücher lesen
Musik machen

音声を聞いて、学生が休暇にしたいことに×をつけなさい。
Was wollen die Studierenden in den Ferien machen? Hören Sie und kreuzen Sie an.

CD3-73
271

	reisen	lesen	Musik	Führerschein	Sport	jobben	lernen	schlafen
S1	☐	☐	☐	☐	☐	☐	☐	☐
S2	☐	☐	☐	☐	☐	☐	☐	☐
S3	☐	☐	☐	☐	☐	☐	☐	☐
S4	☐	☐	☐	☐	☐	☐	☐	☐
S5	☐	☐	☐	☐	☐	☐	☐	☐

1. Was wollen Sie in den Ferien machen?

休暇中何をするつもりですか

CD3-74 ⬇272

Dialog 1

Was willst du in den Ferien machen?

Ich will Camping machen.

zu meinen Eltern fahren | *zu Hause bleiben* | *den Führerschein machen*

ehrenamtlich arbeiten | *in ein Trainingslager fahren*

Übung 1 グループで互いに休み中の計画を尋ねなさい。（86 ページの語彙参照）
Fragen Sie sich gegenseitig in Gruppen. Benutzen Sie die Vokabeln auf Seite 86.

2. Wo wollen Sie Camping machen? どこでキャンプしたいですか

CD3-75 ⬇273

Dialog 2

Wo willst du Camping machen?

Am Meer.

Übung 2 どこでするのか、クラスメートに尋ねなさい。
Fragen Sie sich gegenseitig, wo Sie etwas machen.

3. Wann und wie lange? いつ、どのくらいの期間ですか

CD3-76 ⬇274

Dialog 3

Wann willst du Camping machen?

Anfang August.

Und wie lange?

Eine Woche.

Übung 3 何をいつどのくらいの間するのか、尋ねなさい。
Fragen Sie sich gegenseitig.

---

wollen の現在人称変化

ich	will
du	willst
Sie	wollen
er/es/sie	will

wollen …するつもりだ

*話法の助動詞は 1・3 人称単数、du で不規則となる。

r Führerschein, -e
運転免許証

in ein Trainingslager fahren 合宿に行く

s Meer 海

Anfang 初旬
Mitte 中旬
Ende 下旬

応用語句
r Tag, -e 日
e Woche, -n 週
r Monat, -e 月
s Jahr, -e 年
vier Tage
drei Wochen
einen Monat
zwei Monate

4. Wohin fahren wir im Sommer? 夏にはどこへ行こうか

CD3-77  ⬇275

Dialog 4

Wohin fahren wir im Sommer?

Ich möchte an die Nordsee. An der Nordsee können wir in der Sonne liegen.

*話法の助動詞が方向を表す前置詞と共に使われると動詞は省略できる。

r Sommer 夏
in der Sonne liegen 日光浴をする

Wohin?	Wo?
nach ______ Europa ______ Italien ______ Rom	in ______ Europa ______ Italien ______ Rom
in（＋４格） ______ Schweiz ______ USA	in（＋３格） ______ Schweiz ______ USA
in（＋４格） ______ Schwarzwald ______ Berge ______ Alpen	in（＋３格） ______ Schwarzwald ______ Berge_ ______ Alpen
an（＋４格） ______ Rhein ______ Mosel ______ See ______ Bodensee ______ Nordsee ______ Meer	an（＋３格） ______ Rhein ______ Mosel ______ See ______ Bodensee ______ Nordsee ______ Meer

r Schwarzwald 黒い森（南ドイツにある地方）
r Berg, -e 山
pl. Alpen アルプス

r Rhein ライン川
e Mosel モーゼル川
r See 湖
r Bodensee ボーデン湖
e Nordsee 北海

上の空欄に前置詞と定冠詞を補い、休暇の旅行先を相談しなさい。
Ergänzen Sie die Präpositionen und die bestimmten Artikel. Fragen Sie sich gegenseitig.

China　*s* Meer　*pl.* Berge　*r* See　*pl.* USA

5. Womit und mit wem? どの交通機関で誰とですか

03-78
276

Dialog 5

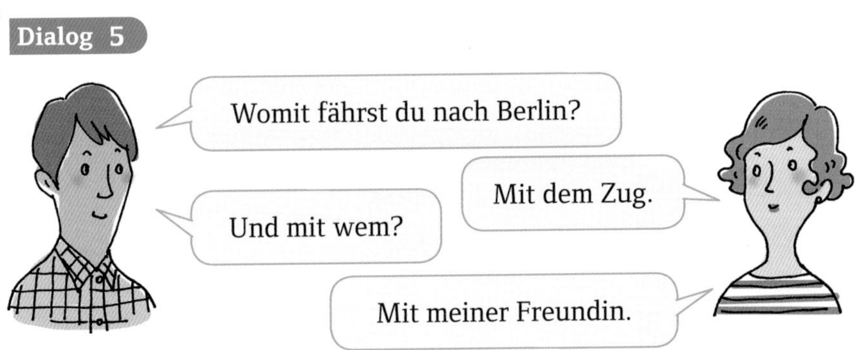

mit wem 誰と
wem 誰に（werの3格）

Übung 5 下の絵を使って対話しなさい。
Machen Sie Dialoge anhand folgender Zeichnung.

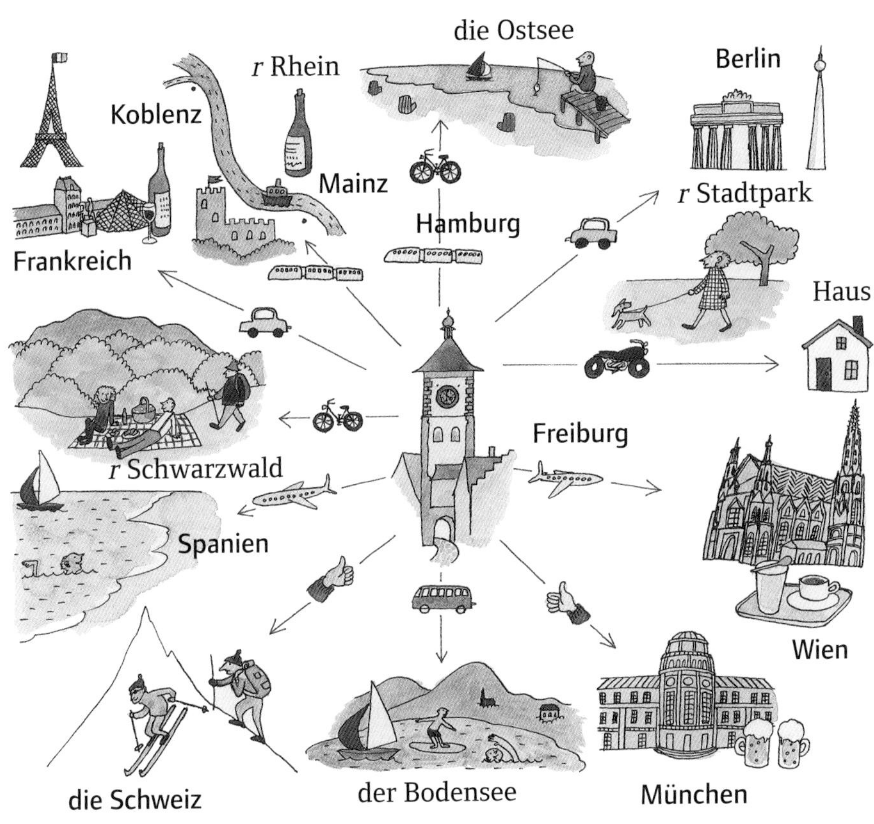

e Ostsee バルト海
r Stadtpark 市立公園

fliegen 飛行機で行く
mit dem Flugzeug
飛行機で

per Anhalter fahren
ヒッチハイクで行く

Übung 6 休暇先で何ができるか話し合いなさい。
Was kann man am Reiseziel machen? Erzählen Sie.

An der Ostsee kann man surfen, schwimmen, in der Sonne liegen und am Strand schön spazieren gehen.

______________________________.

r Strand, ⸚e 浜辺

6. Was wollen Rina und Felix in den Ferien machen?

里奈とフェーリックスは休暇に何をするつもりですか

CD3-79 277

Übung 7 対話を聞き、メモをとりなさい。
Hören Sie das Gespräch und notieren Sie.

	Rina	Felix
Wohin?	________, Heidelberg, ________	
Was machen?	Schlösser besichtigen, ________	
Wann?		
Wie lange?		
Womit?		
Mit wem?		
Wo wohnen?	Hostel	

s Schloss, ⸚er 城

Übung 8 メモを見ながら、里奈とフェーリックスの休暇の計画を話しなさい。
Erzählen Sie, was Rina und Felix in den Ferien machen.

手紙の書き方

書いている場所 日付

…, ……. 2022

Liebe[r] 呼びかけ

本文

Liebe Grüße 結び

dein[e] 署名

7. Eine Ansichtskarte aus Berlin ベルリンからの絵葉書

CD3-80 278

Lesetext

Berlin, 12. August 2022

Liebe Sarah,

wie geht's dir? Wie ist das Leben in Japan? Was machst du in den Ferien?

Seit drei Tagen bin ich mit einer Freundin in Berlin. Wir wohnen bei ihren Eltern und möchten eine Woche hier bleiben. Gestern sind wir in die Oper gegangen und heute wollen wir ins Konzert. In Berlin gibt es viel zu sehen. Ich möchte viele Museen besuchen. In der Stadt kann man gut einkaufen und viel Geld ausgeben. Man kann auch die Natur genießen, im Wald spazieren gehen, auf dem Wannsee surfen oder eine Schifffahrt auf der Spree machen. Morgen will ich nach Potsdam fahren und das Schloss Sanssouci und das Schloss Cecilienhof besichtigen.

Liebe Grüße

deine Rina

Frau
Sarah Schneider
2-3-1, Oyachi, Nishi
Atsubetsu-ku, Sapporo
004-8631 Japan

s Leben 生活

seit (+3格) …前から、…以来

zu+不定詞 …すること

e Oper, -n オペラ

Geld ausgeben お金を使う

e Natur 自然

genießen 楽しむ

r Wannsee ヴァンゼー（ベルリンにある湖）

Sanssouci サンスーシ宮殿

Cecilienhof ツェツィーリエンホーフ宮殿

Übung 9 絵葉書を読み、内容について疑問文を作りなさい。あなたも旅先から絵葉書を書きなさい。Lesen Sie die Karte. Bilden Sie Fragesätze zum Text. Schreiben Sie eine Karte von einem Reiseort.

Beliebte Reiseziele der Deutschen. ドイツ人に人気のある休暇先

Deutsche verbringen ihren Sommerurlaub am liebsten am Strand und am Meer. 12,3% fahren sehr gerne nach Spanien, besonders auf die Kanaren. Dort kann man schwimmen, am Strand liegen und die Sonne genießen. Die Landschaft ist schön und man kann auch die Kultur kennenlernen. 2018 war Italien mit 10,0% auch ein beliebtes Reiseziel der Deutschen. Deutsche reisen sehr gern nach Österreich. In Wien kann man in die Oper gehen und den Prater besuchen. Schon seit vielen Jahren fahren Deutsche auch gerne nach Griechenland. Denn dort kann man nicht nur baden, sondern auch sehr viele Ausflüge auf die vielen Inseln machen. Es gibt verschiedene Sehenswürdigkeiten und man kann das Nachtleben genießen.

Die beliebtesten Reiseziele der Deutschen in Europa 2018

Spanien	12,3%
Italien	10,0%
Österreich	4,9%
Griechenland	4,7%
Frankreich	4,5%
Benelux	4,3%
Kroatien	4,1%

(aus: *ADAC 2018*)

verbringen 過ごす
pl. Kanaren カナリア諸島
e Landschaft, -en 風景
s Reiseziel, -e 旅行の行先
r Prater プラーター公園
Griechenland ギリシャ
verschieden さまざまな
e Sehenswürdigkeit, -en 名所旧跡
s Nachtleben 夜の生活、夜遊び

Grammatik

1. 話法の助動詞の現在人称変化（2）

wollen …するつもり（意思）

wollen

ich	will	wir	wollen
du	willst	ihr	wollt
er/es/sie	will	sie/Sie	wollen

2. 話法の助動詞と動詞の位置

話法の助動詞が人称変化して２番目（決定疑問文では文頭）、動詞の不定形が文末にくる。

Was **willst** du im Sommer **machen**?
Ich **will** im Juli nach Europa **fahren**.
Will er allein **reisen**?

方向を表す前置詞がくると動詞は省略できる。

Ich **möchte** ans Meer. Er **will** nach Haus.

3. 前置詞（4）

移動の方向　疑問詞 wohin（どこへ）

地名（大陸、地域、国、都市など）**nach**
nach Europa/Deutschland/Berlin

定冠詞のつく国名　**in** + ４格
in die Schweiz/Türkei

海、湖、川　**an** + ４格
an die Ostsee/Mosel
ans Meer
an den Bodensee/Rhein

森、山　**in** + ４格
in den Schwarzwald
ins Gebirge
in die Berge/Alpen

場所　疑問詞 wo（どこで）

in
in Europa/Deutschland/Berlin

in + ３格
in der Schweiz/Türkei

an + ３格
an der Ostsee/Mosel
am Meer
am Bodensee/Rhein

in + ３格
im Schwarzwald
im Gebirge
in den Bergen/Alpen

s Gebirge 山岳地帯

12 Erlebnisse und Erfahrungen

CD3-82
280

対話を聞き、下の絵を見て、現在の状況を示す絵には「H」、過去の状況は「F」を記入しなさい。
Hören Sie das Gespräch und sehen Sie die Bilder an. Schreiben Sie „F" für „früher" und „H" für „heute".

(F) Lisa *hatte* keine Kinder.

( ) Lisa ________ drei Kinder.

( ) Lisa _____ zwei Katzen und zwei Hunde.

( ) Lisa ________ einen Hamster.

( ) Lisa ________ ein Auto.

( ) Lisa ________ ein Fahrrad.

(F) Lisa *war* Angestellte.

( ) Lisa ________ Bäckerin.

(H) Lisa *hat* fast immer Spaß.

( ) Lisa ________ oft Langeweile.

( ) Lisa ________ verheiratet.

(H) Lisa *ist* geschieden.

r Hamster, - ハムスター　fast immer ほとんどいつも　*r* Spaß 楽しさ　*e* Langweile 退屈
geschieden 離婚している

例にならって、文を完成させなさい。Vervollständigen Sie die Sätze mit „hat", „hatte", „ist" oder „war".

1. Wo waren Sie so lange? そんなに長い間、どこにいたのですか

3-83 281

Dialog 1

Wo wart ihr so lange?
Ich warte schon seit dreißig Minuten.

Oh, Entschuldigung!
Ich hatte noch Besuch.

Und du Daniel, wo warst du?

Tut mir leid.
Ich war noch bei Professor Schulz.

Übung 1 互いに遅刻の理由を聞いて答えなさい。Machen Sie Dialoge.

3-84 282

war	hatte
bei meinen Eltern	eine Fahrstunde
bei Freunden	Training
in der Bibliothek	eine Prüfung
im Schwimmbad	Deutschunterricht
in der Stadt	Klavierunterricht
beim Arzt	einen Termin
im Supermarkt	etwas zu tun
bei meiner Freundin	ein paar Hausaufgaben

2. Waren Sie schon einmal im Ausland?

外国に行ったことがありますか

D3-85 283

Dialog 2

Warst du schon einmal im Ausland?

Ja, ich war schon einmal in Korea.

Wann denn?

Vor drei Jahren.

Und wie lange?

Eine Woche, in Seoul und Pusan.

Übung 2 どこかに行ったことがあるか尋ねなさい。Machen Sie Dialoge.

sein の過去人称変化 war（過去基本形）	
ich	war
du	warst
er/es/sie	war
wir	waren
ihr	wart
sie/Sie	waren

*過去人称変化は話法の助動詞と同様、1・3人称単数が同形。

haben の過去人称変化 hatte（過去基本形）	
ich	hatte
du	hattest
er/es/sie	hatte
wir	hatten
ihr	hattet
sie/Sie	hatten

warten 待つ

Besuch haben
来客中である

tut mir leid
申し訳ありません

e Fahrstunde, -n
自動車学校の教習

einen Termin haben
予約をしている

etwas zu tun すること

ein paar いくつかの

3. Wie war Ihr Wochenende? あなたの週末はどうでしたか

Dialog 3

Wie war euer Wochenende?

Es war toll. Ich war bei Freunden in München. Am Samstag waren wir zusammen im Konzert.

Mein Wochenende war ganz gut. Ich hatte am Freitag eine Party und war am Samstag sehr müde. Und wie war dein Wochenende?

Mein Wochenende war nicht so gut. Ich war zu Hause und hatte Langeweile.

ganz gut まあまあ良い
müde 疲れた、眠い

Übung 3 下の表を使って、週末について話しなさい。Machen Sie Dialoge.

P1	P2	P3
echt super	nicht so toll	ruhig
war im Kino	war am Meer	hatte eine Fahrstunde
hatte viel Spaß	es war sehr kalt	hatte ein bisschen Spaß

echt 本当に
ruhig 静かな、平穏な

Übung 4 週末について Übung 3 にならって自分のことを記入して話しなさい。Machen Sie Dialoge.

ich

Übung 5 対話を聞いて質問に答えなさい。Hören Sie und beantworten Sie die Fragen.

CD3-87 285

1. Wo war Jan schon einmal?
   □ in Japan □ in Thailand □ in Österreich
   □ in der Schweiz □ in Amerika □ in Dänemark
2. Mit wie viel Jahren war Jan in Amerika?
   □ mit 4 Jahren □ mit 8 Jahren
   □ mit 16 Jahren □ mit 20 Jahren
3. Wie oft war Marie im Ausland?
   □ noch nie □ schon einmal □ schon oft
4. In Dänemark ist sie und hat □ gejoggt □ geschwommen □ gegrillt □ gearbeitet
5. Hatte Marie Spaß in Dänemark? □ Ja □ Nein

Thailand タイ

mit wie viel Jahren 何歳の時
mit ... Jahren …歳で

nie 決して…ない

4. Lenas Auslandserfahrungen レナの外国滞在経験

Lesetext

3-88
286

Mit 15 Jahren war ich zum ersten Mal im Ausland. Es war ein Schüleraustausch mit einer Schule in England. Wir waren drei Wochen dort und hatten jeden Tag sechs Stunden Englischunterricht. Das war anstrengend, aber wir hatten trotzdem viel Spaß. Meine Gastfamilie war sehr nett. Später war ich oft im Ausland. In den Ferien bin ich mit meiner Familie meistens nach Spanien oder Portugal gefahren. Wir sind immer mit dem Auto gefahren. Es war sehr weit, ca. 1.500 km, und wir haben zwei Tage dorthin gebraucht. Nach dem Abitur habe ich an der Universität Hamburg Anglistik und Wirtschaft studiert. Mit 22 war ich in China und habe ein Semester in Shanghai Chinesisch gelernt. Nach dem Universitätsabschluss möchte ich bei einer Firma im Ausland arbeiten.

zum ersten Mal はじめて
r Schüleraustausch 交換留学
e Schule, -n 学校
anstrengend つらい、きつい
trotzdem それにもかかわらず
e Gastfamilie, -n ホストファミリー
später あとで
dorthin そこへ
s Abitur 高校卒業資格
r Universitätsabschluss, ¨-e 大学卒業

Übung 6 現在完了形および過去形に線を引きなさい。
Unterstreichen Sie die Perfekt- und Präteritumformen.

Übung 7 質問に答えなさい。
Beantworten Sie die Fragen.

1. Mit wie viel Jahren war Lena zum ersten Mal im Ausland?
2. Wo war der Schüleraustausch?
3. Wo war Lena mit ihrer Familie?
4. Was hat Lena nach dem Abitur gemacht?
5. Wie lange war sie in China?
6. Was möchte sie nach dem Universitätsabschluss machen?

Übung 8 下の文を過去形で書きなさい。Letztes Jahr ist das Gleiche passiert.
Schreiben Sie die Sätze unten im Präteritum.

Es ist Ende Dezember. Wir haben Ferien.
Meine Freunde sind zu Hause und haben Langeweile.
Ich bin in Europa auf Reisen und habe Spaß.

auf Reisen 旅行中

Grammatik

sein と haben の過去人称変化

war (過去基本形)

ich	war	wir	waren
du	warst	ihr	wart
er/es/sie	war	sie/Sie	waren

hatte (過去基本形)

ich	hatte	wir	hatten
du	hattest	ihr	hattet
er/es/sie	hatte	sie/Sie	hatten

* sein, haben の過去人称変化と過去分詞で過去完了形が作られる。
過去完了形は過去の出来事（現在完了形、過去形で表現）より以前に起こった事柄を表す。

Ja, das kann ich! 6

Wechselspiel A ⇄ B Fragen Sie sich gegenseitig. 休暇の予定を互いに尋ね、空欄に記入しなさい。
(B auf Seite 103.)

A	Marie	Felix	Ihr/e Partner/in
wohin?	nach Österreich		
was?		schwimmen, surfen Radtouren machen	
wann?		Ende August	
wie lange?	eine Woche		
mit wem?	mit ihrer Familie		
womit/wie?		mit dem Auto	
wo (wohnen)?		in der Jugendherberge	

e Jugendherberge, -n ユースホステル

Ergänzen Sie die Sätze mit einer Präteritumsform von „sein“ oder „haben“.
sein または haben の過去形を補いなさい。

1. ○ Wie waren eure Sommerferien?
   ■ Die Sommerferien ________ toll. Wir ________ in Okinawa. Es ________ sehr schön. Wir ________ gutes Wetter und jeden Tag viel Spaß.
2. ○ ________ ihr früher ein Haustier?
   ■ Ja, wir ________ eine Katze. Die ________ süß.
3. ○ Wo ________ du gestern? ■ Ich ________ in der Stadt.
4. ○ ________ ihr am Wochenende auch im Kino? ■ Nein, wir ________ zu Hause.
5. ○ ________ das gestern auf der Party dein Freund?
   ■ Nein, das ________ mein Bruder.
6. ○ ________ Sie gestern Deutschunterricht?
   ■ Nein, ich ________ gestern Englischunterricht.

pl. Sommerferien 夏休み　*s* Wetter 天気　*s* Haustier, -e ペット　*e* Katze, -n 猫　süß かわいい

Früher und heute. Schreiben Sie die fehlenden Sätze. 昔と今について文を書きなさい。

Früher war es ein Baum.	Heute *ist es ein Buch*.
Früher ________________.	Heute sind wir Hühner.
Früher war ich Reis.	Heute ________________.

Früher war er Schüler. — Heute ______________.

Früher ______________. — Heute ist sie eine Frau.

Früher warst du Holz. — Heute ______________.

Aussprache

CD3-89 ↓287 Hören Sie und sprechen Sie nach.

ge: Orange, Ingenieur, Genie **g**: gehen, Garten, Gemüse, ausgeben
ng: Pudding, lang, bringen, Zeitung, gegangen

ng: Wo spricht man den ng-Laut? Kreuzen Sie an.

CD3-90 ↓288
□ Junge □ eingekauft □ langsam □ Hunger □ Angestellte
□ Bowling □ Zunge □ ungemütlich □ hingehen

CD3-91 ↓289 Hören Sie und sprechen Sie nach.

f: fünf, fährt, Vater, verlieren **ph**: Physik, Pharmazie
w: Wurst, Volleyball, Klavier **pf**: Pfeffer, Krankenpfleger, Wettkampf

Was hören Sie? Kreuzen Sie an.

CD3-92 ↓290
1. □ Feder □ weder
2. □ vier □ wir
3. □ fahren □ waren
4. □ wert □ Pferd
5. □ Wörter □ Pförtner
6. □ fad □ Pfad

CD3-93-94 ↓291-292

Wortschlange

Ihr wollt (im März/zwei Wochen/mit dem Zug/nach Österreich) reisen.

Du möchtest (in den Ferien/in einem Konbini/als Kassierer[in]) jobben.

CD3-95-97 ↓293-295

Zungenbrecher

Fischers Fritz fischt frische Fische.
Frische Fische fischt Fischers Fritz.

Vor Weihnachten wollen wir viel
weiße Wäsche waschen.

Freche Pferde mampfen dampfende Äpfel.

Wechselspiel B

Wechselspiel A ⇄ B Fragen Sie sich gegenseitig und schreiben Sie die Antworten in die Tabelle.
互いに質問し、答えを書き入れなさい。(A auf Seite 24. A は 24 頁)

A: Wohin reist Peter?
Wie lange ist seine Reise?
Was kostet seine Reise?

B: Er reist nach* Italien. *nach へ
4 Tage.
Seine Reise kostet 387 Euro.

B: Wohin reist Anna?
Wie lange ist ihre Reise?
Was kostet ihre Reise?

A: Sie reist nach* Belgien.
____ Tage.
Ihre Reise kostet ____ Euro.

B	Peter (seine)	Anna (ihre)	Sven (seine)	Sophie (ihre)	ich (meine)	du (deine)
Wohin?	Italien	*Belgien*	______	England	______	______
Wie lange?	4 Tage	___ Tage	___ Tage	6 Tage	___ Tage	___ Tage
Was kostet …?	387 €	____ €	____ €	842 €	____ €	____ €

Wechselspiel A ⇄ B Fragen Sie sich gegenseitig und schreiben Sie die Antworten in die Tabelle.
互いに質問し、答えを書き入れなさい。(A auf Seite 38. A は 38 頁)

B

Wer?	Tim	Lukas und Anna	Paul	Lea	Laura		David	
Was?	Fußball spielen		spazieren gehen		fotografieren	Ski fahren	reisen	Comics lesen

A: Was machen Lukas und Anna gern?
Wer liest gern Comics?

B: Sie ______________________________
____

Stammbaum

Fragen Sie sich gegenseitig und ergänzen Sie den Stammbaum.
互いに質問し、家系図の空欄を補いなさい。(A auf Seite 52. A は 52 頁)

B: Wie heißt Leos Großvater? A: Er heißt Hanning.

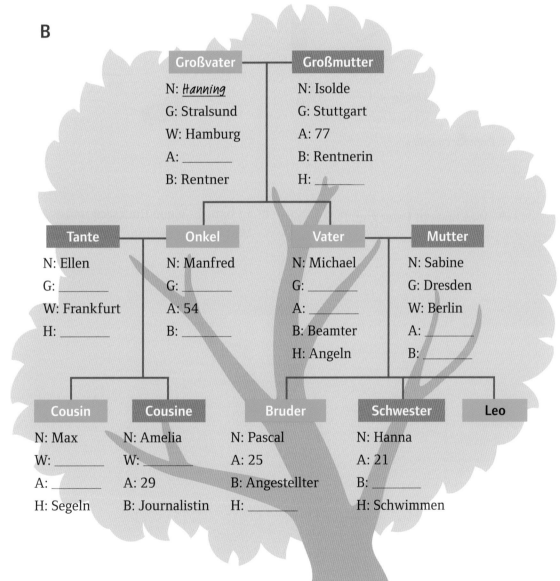

A: ______________________? B: ______________________.

B

Großvater
N: *Hanning*
G: Stralsund
W: Hamburg
A: ______
B: Rentner

Großmutter
N: Isolde
G: Stuttgart
A: 77
B: Rentnerin
H: ______

Tante
N: Ellen
G: ______
W: Frankfurt
H: ______

Onkel
N: Manfred
G: ______
A: 54
B: ______

Vater
N: Michael
G: ______
A: ______
B: Beamter
H: Angeln

Mutter
N: Sabine
G: Dresden
W: Berlin
A: ______
B: ______

Cousin
N: Max
W: ______
A: ______
H: Segeln

Cousine
N: Amelia
W: ______
A: 29
B: Journalistin

Bruder
N: Pascal
A: 25
B: Angestellter
H: ______

Schwester
N: Hanna
A: 21
B: ______
H: Schwimmen

Leo

N=Name 名前 G=Geburtsort 出身 W=Wohnort 住んでいるところ A=Alter 年齢
B=Beruf 職業 H=Hobby 趣味

Wechselspiel B

Wechselspiel A ⇄ B

Was brauchen die Personen zum Picknick? Fragen Sie Ihre/n Partner/in und zeichnen Sie die Antworten ein. Und was brauchen Sie? Zeichnen Sie 2 Gegenstände, fragen Sie sich gegenseitig und zeichnen Sie die Antworten ein.
自分がピクニックに必要とする物を２つ描き入れなさい。 互いに質問し、答えを人と物を結ぶ線で書入れなさい。 (A auf Seite 53.)

A: Was braucht Peter zum Picknick?

B: Er braucht einen Rucksack und ....
Was braucht Susanne zum Picknick?

Wechselspiel A ⇄ B Fragen Sie sich gegenseitig. (A auf Seite 68)

B 1. Wo ist/sind …? Wo hängt …? Wo liegt …? Wo sitzt …? Wo steht …?

Fragen Sie Ihre/n Partner/in und zeichnen Sie ins Bild.
次の５つの物がどこにあるかをパートナーに尋ね、答えを下の絵に描き入れなさい。

r Ball *e* Tafel *s* Aquarium Orangen

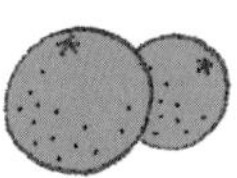

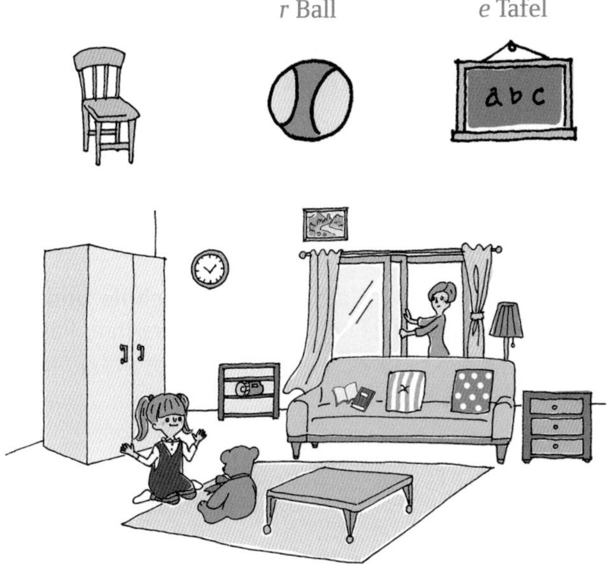

hängen 掛かっている
liegen （横にして）置いてある
sitzen 座っている
stehen （立てて）置いてある
e Taschenlampe 懐中電灯
s Kissen, - クッション
r Teddybär テディベア

2. Wohin hängt …? Wohin legt …? Wohin setzt …?

Beantworten Sie die Fragen Ihres Partners/Ihrer Partnerin. パートナーの質問に答えなさい。

①

r Drachen

A: ____________?
B: Er hängt den Drachen neben die Uhr.

②

s Tamburin

____________?
Sie legt das Tamburin ____

③

hängen 掛ける
legen （横にして）置く
setzen 座らせる
e Puppe

____________?
Sie setzt die Puppe ____

Fragen Sie Ihre/n Partner/in und zeichnen Sie die Antworten mit dem Pfeil und der Nummer ins Bild oben. どこへ置くかをパートナーに質問し、答えを番号付き矢印で上の絵のなかに書き入れなさい。

④

B: Wohin stellt Rita ____?
A: Sie stellt ________

⑤

r Kleiderbügel

Wohin hängt Ritas Mutter ____?
____

⑥

stellen （立てて）置く
e Gitarre

Wohin stellt Ritas Vater ____?
____

Wechselspiel B

Wechselspiel A ⇄ B

例にならってお互いに質問し、答えを表に書入れなさい。Aの人は、73 頁を開きなさい。
Fragen Sie sich gegenseitig. Die Tabelle für A ist auf Seite 73.

A: Wann macht die Bibliothek auf?

B: Um 8:45 Uhr. Und sie macht heute um 21 Uhr zu.

B

Bibliothek	8:45 – 21:00	Mensa	
Buchhandlung	10:00 – 19:30	Schwimmbad	9:00 – 20:45
Sporthalle		Cafeteria	9:30 – 19:00
Kneipe		Post	

Fragen Sie sich gegenseitig. (A auf Seite 82.)

B

Sie stehen vor dem Bahnhof und suchen **einen Parkplatz, die Sprachschule und ein Café**. Fragen Sie Ihre/n Partner/in. Beantworten Sie dann die Fragen Ihres Partners/Ihrer Partnerin.
あなたは駅前にいて、駐車場と語学学校と喫茶店を探しています。パートナーに行き方を尋ね、答えの建物にその名を書き入れなさい。また、パートナーの質問に答えなさい。

s Kaufhaus
s Riesenrad
s Kino
e Bibliothek
s Schwimmbad
e Bank
e Bäckerei
e Post
s Museum
r Park
r Supermarkt
s Hotel
r Bahnhof

die erste/zweite/dritte Straße 最初の / 2番目 / 3番目の通りを
e Sprachschule 語学学校 e Bank 銀行 s Kaufhaus デパート

Wechselspiel A ⇄ B Fragen Sie sich gegenseitig. 休暇の予定を互いに尋ね、空欄に記入しなさい。
(A auf Seite 96.)

B	Marie	Felix	Ihr/e Partner/in
wohin?		an den Bodensee	
was?	Schlösser besichtigen in Konzerte gehen Museen besuchen		
wann?	Mitte Juli		
wie lange?		zehn Tage	
mit wem?		mit seinen Freunden	
womit/wie?	fliegen		
wo (wohnen) ?	im Hotel		

e Jugendherberge, -n ユースホステル

Grammatik 文法のまとめ

1. 名詞

名詞の性と冠詞

名詞は男性名詞、中性名詞、女性名詞に分かれ、単数と複数を区別し、性・数・格（主語・目的語など文中での関係を表す）によって、冠詞の語尾が変わる。

1 格（主語）

	男性名詞（*r*）		中性名詞（*s*）		女性名詞（*e*）		複数（*Pl.*）	
定冠詞	der	Kuli	das	Buch	die	Brille	die	Schuhe
不定冠詞	ein		ein		eine		-	
否定冠詞	kein		kein		keine		keine	
所有冠詞	mein		mein		meine		meine	

4 格（多くの動詞は 4 格を目的語とする、また、4 格と結びつく前置詞がある）

	男性名詞（*r*）		中性名詞（*s*）		女性名詞（*e*）		複数（*Pl.*）	
定冠詞	den	Kuli	das	Buch	die	Brille	die	Schuhe
不定冠詞	einen		ein		eine		-	
否定冠詞	keinen		kein		keine		keine	
所有冠詞	meinen		mein		meine		meine	

3 格（3 格を目的語とする動詞、3 格と 4 格とを目的語とする動詞がある。また 3 格と結びつく前置詞、3 格と 4 格と結びつき、格によって意味が変わる前置詞がある）

	男性名詞（*r*）		中性名詞（*s*）		女性名詞（*e*）		複数（*Pl.*）	
定冠詞	dem	Kuli	dem	Buch	der	Brille	den	Schuhen*
不定冠詞	einem		einem		einer		-	
否定冠詞	keinem		keinem		keiner		keinen	
所有冠詞	meinem		meinem		meiner		meinen	

*複数 3 格は、名詞語尾にも n がつく。Ich reise **mit** meinen Freunden.
複数形が s の場合は n がつかない。Wir fahren mit den Autos.

所有冠詞 1 格（4 格と 3 格は上記の所有冠詞 mein を参照）

	男性名詞		中性名詞		女性名詞		複数	
ich	mein	Ring	mein	Auto	meine	Jacke	meine	Jeans
du	dein		dein		deine		deine	
er/es	sein		sein		seine		seine	
sie	ihr		ihr		ihre		ihre	
wir	unser		unser		unsere		unsere	
ihr	euer		euer		eure		eure	
sie	ihr		ihr		ihre		ihre	
Sie	Ihr		Ihr		Ihre		Ihre	

単数と複数

	語尾		辞書の表示		
1)	なし	変音するものがある	– ¨	Fenster — Fenster	Apfel — Äpfel
2)	e		-e ¨e	Schuh — Schuhe	Stuhl — Stühle
3)	er		-er ¨er	Bild — Bilder	Buch — Bücher
4)	n/en nen	変音しない	-n -en *innen	Brille — Brillen Freund*in* — Freund*innen*	Zeitung — Zeitungen Student*in* — Student*innen*
5)	s		-s	Handy — Handys	Kamera — Kameras

* in の前の子音がつく。

合成語の性は最後の語の性となり、複数形も最後の語の複数形になる。

das Ohr (-en) + **der** Ring (-e) → **der** Ohrring, Ohrringe
das Buch (¨er) + **das** Regal (-e) → **das** Bücherregal, Bücherregale
der Monat (-e) + **die** Karte (-n) → **die** Monat*s*karte, Monat*s*karten
das Papier (-e) + die Tasche (-n) + **das** Tuch (¨er)
→ **das** Papiertasche*n*tuch, Papiertasche*n*tücher
*fahr*en + **das** Rad (¨er) → **das** *Fahr*rad, *Fahr*räder
*schreib*en + **der** Tisch (-e) → **der** *Schreib*tisch, *Schreib*tische
*wohn*en + **das** Zimmer (-) → **das** *Wohn*zimmer, *Wohn*zimmer

2. 代名詞

人称代名詞１格（主語）・４格（直接目的語）・３格（間接目的語）

人称＼格	単数					複数			単複同形
	1 私	2 君	3 彼	3 それ	3 彼女	1 私たち	2 君たち	3 彼ら それら	2 あなた / たち（敬称）
1 格	ich	du	er	es	sie	wir	ihr	sie	Sie
4 格	mich	dich	ihn	es	sie	uns	euch	sie	Sie
3 格	mir	dir	ihm	ihm	ihr	uns	euch	ihnen	Ihnen

不定代名詞 **man**（人は）

特定の人を指さずに、一般の人、みんな、私、あなたといったものを指す。日本語への訳では多くの場合、man を訳さなかったり、受身に訳したりする。

In Japan spricht **man** Japanisch. 日本では、日本語を話す（日本語が話される）。
Was kann **man** hier machen? ここでは何ができますか。
* man は３人称単数（動詞の人称変化）

指示代名詞１格・４格　定冠詞が代名詞として使われる。

Wie findest du **den Ring**?	**Der** ist teuer. **Den** nehme ich nicht.
Wie findest du **das Etui**?	**Das** ist hübsch. **Das** kaufe ich.
Wie finden Sie **die Tasche**?	**Die** ist schick. **Die** nehme ich.
Wie finden Sie **die Schuhe**?	**Die** sind nicht schlecht. **Die** kaufe ich.

不定代名詞、否定代名詞４格

Haben Sie **einen Computer**?	Ja, ich habe **einen**. / Nein, ich habe **keinen**.
Hat Peter **ein Auto**?	Ja, er hat **eins**. / Nein, er hat **keins**.
Hat Lena **eine Videokamera**?	Ja, sie hat **eine**. / Nein, sie hat **keine**.
Habt ihr **Papiertaschentücher**?	Ja, wir haben **welche**. / Nein, wir haben **keine**.

3. 疑問詞

疑問代名詞

wer（誰）　was（何）

	誰	何
１格	**wer**	**was**
４格	**wen**	**was**
３格	**wem**	-

wann いつ　warum なぜ　was 何（が／を）　wer 誰（が）
wo どこで　woher どこから　wohin どこへ
wie どのように　wie alt 何歳　wie groß どのくらいの大きさ・広さ・背丈
wie lange どのくらいの時間・期間　wie oft 何回　wie spät 何時
wie teuer いくら　wie viel いくつ　wie viel Uhr 何時
der Wievielte 何日　wie weit どのくらいの距離　womit 何で（手段）
mit wem 誰と

was für ein どんな

	男性名詞		中性名詞		女性名詞		複数	
１格	was für ein	Hut	was für ein	T-Shirt	was für eine	Kette	was für	Schuhe
４格	was für ein**en**		was für ein		was für ein**e**		was für	
３格	was für ein**em**		was für ein**em**		was für ein**er**		was für	Schuhe**n**

welch どの

	男性名詞		中性名詞		女性名詞		複数	
１格	welch**er**	Ring	welch**es**	Etui	welch**e**	Tasche	welch**e**	Jeans
４格	welch**en**		welch**es**		welch**e**		welch**e**	
３格	welch**em**		welch**em**		welch**er**		welch**en**	

4. 前置詞

3格支配の前置詞	aus ... （の中）から　bei ... （のところ）で　mit ... と（一緒）に nach ... へ、... の後で　seit ... 以来　von ... から　zu ... へ
4格支配の前置詞	durch ... を通って　für ... のために　gegen ... に対して、（およその時刻）... に ohne ... なしに　um ... の周りを、（正確な時刻）... に
3・4格支配の前置詞	an ... の際に／で／へ　auf ... の上に／で／へ　hinter ... の下に／で／へ in ... の中に／で／へ　neben ... の隣に／で／へ　über ... の上方に／で／へ unter ... の下に／で／へ　vor ... の前に／で／へ　zwischen ... の間に／で／へ 場所を表す時（wo どこで？に対する答え）は3格、 移動の方向を表す時（wohin どこへ？に対する答え）は4格

*定冠詞の指示力が強くない場合、定冠詞と前置詞の融合形を使う。

am (←an dem), ans (←an das), beim (←bei dem), im (←in dem),
ins (←in das), vom (←von dem), zum (←zu dem), zur (←zu der)

5. 動詞

動詞の現在人称変化

規則動詞

不定詞		wohnen	heißen	reisen	tanzen	arbeiten	finden	wandern
単数	ich	wohne	heiße	reise	tanze	arbeite	finde	wand(e)re
	du	wohnst	heißt	reist	tanzt	arbeitest	findest	wanderst
	er/es/sie/man	wohnt	heißt	reist	tanzt	arbeitet	findet	wandert
複数	wir	wohnen	heißen	reisen	tanzen	arbeiten	finden	wandern
	ihr	wohnt	heißt	reist	tanzt	arbeitet	findet	wandert
	sie/Sie	wohnen	heißen	reisen	tanzen	arbeiten	finden	wandern

不規則動詞 語幹の母音が a → ä、e → i/ie に変わる動詞

		a → ä	e → ie	e → i	e → i
不定詞		fahren	sehen	sprechen	nehmen
単数	ich	fahre	sehe	spreche	nehme
	du	fährst	siehst	sprichst	nimmst
	er/es/sie/man	fährt	sieht	spricht	nimmt
複数	wir	fahren	sehen	sprechen	nehmen
	ihr	fahrt	seht	sprecht	nehmt
	sie/Sie	fahren	sehen	sprechen	nehmen

sein と haben

不定詞		sein	haben
単数	ich	bin	habe
	du	bist	hast
	er/es/sie/man	ist	hat
複数	wir	sind	haben
	ihr	seid	habt
	sie/Sie	sind	haben

wissen と話法の助動詞

不定詞		wissen	können	wollen	mögen	möchte
単数	ich	weiß	kann	will	mag	möchte
	du	weißt	kannst	willst	magst	möchtest
	er/es/sie/man	weiß	kann	will	mag	möchte
複数	wir	wissen	können	wollen	mögen	möchten
	ihr	wisst	könnt	wollt	mögt	möchtet
	sie/Sie	wissen	können	wollen	mögen	möchten

過去の表現

過去のことを話す時、話し言葉では現在完了形を使う。ただし、動詞 sein（…である、いる）と haben（持つ）、話法の助動詞は過去形を使う。現在完了形は、助動詞 haben または sein の現在人称変化と過去分詞で作られる。

Was hast du am Wochenende gemacht? – Ich bin ins Kino gegangen.
Habt ihr den Film gesehen? – Ja, er war sehr interessant. Wir hatten viel Spaß.

現在完了形

語順

	助動詞		過去分詞（文末）
Er	hat	mit seinen Freunden Fußball	gespielt.
Was	hast	du in den Ferien	gemacht?
Ich	bin	nach Okinawa	gefahren.
	Habt	ihr gestern euer Zimmer	aufgeräumt?

助動詞

多くの動詞は助動詞として haben を用いる。移動や状態の変化を表す自動詞 aufstehen, fahren, fliegen, gehen, joggen, kommen, laufen, reisen, schwimmen, wandern, werden, zurückkommen など、また例外として sein と bleiben は、sein を用いる。

過去分詞

		分離動詞	前綴り be-, ver- がつく動詞 語末が -ieren の動詞
規則動詞 語尾 —t	**ge — t** gemacht gespielt	**— ge — t** aufgeräumt eingekauft	**— t** besucht fotografiert
不規則動詞 語尾 —en	**ge — en** gefahren gekommen	**— ge — en** angerufen aufgestanden	**— en** vergessen verloren

sein と **haben** の過去人称変化

不定詞		**sein**	**haben**
過去基本形		war	hatte
単数	ich	war	hatte
	du	warst	hattest
	er/es/sie/man	war	hatte
複数	wir	waren	hatten
	ihr	wart	hattet
	sie/Sie	waren	hatten

過去完了

助動詞 haben または sein の過去人称変化と過去分詞で過去完了形が作られる。過去完了は、過去のある出来事を基準に、それより以前に起った事柄を表す。

Anna **ist** in den Ferien nach China **gereist**. Das **hatte** sie schon lange **geplant**.
Mein Freund **war** um zehn bei mir. Da **war** ich gerade **weggegangen**.

語順

平叙文と疑問詞で始まる疑問文では、定動詞（主語によって語尾変化した動詞）が２番目に、残りの動詞関連語句が文末に置かれる。命令文と決定疑問文（ja, nein, doch で答える疑問文）は、定動詞が文頭に来る。

平叙文・疑問詞で始まる疑問文

Meine Mutter **fährt** sehr gern **Auto.**
Wo **isst** du heute **zu Mittag?**

Um zwei	**ruft**	er seine Freundin	**an.**	分離動詞
Was	**hast**	du heute an der Uni	**gemacht?**	現在完了
In den Ferien	**will**	ich in einem Café als Kellnerin	**arbeiten.**	話法の助動詞

命令文・決定疑問文

Gehen Sie hier **geradeaus.**
Spielen wir morgen zusammen **Tischtennis?**

Nehmen	Sie am Seminar	**teil?**	分離動詞
Habt	ihr schon einmal Camping	**gemacht?**	現在完了
Willst	du in den Ferien	**jobben?**	話法の助動詞

並列の接続詞と語順

並列の接続詞 und（そして）、aber（しかし）、oder（それとも）、denn（なぜなら）で文と文を結ぶ場合、並列の接続詞は文そのものの構成要素ではないので、定動詞の位置に影響を与えない。

1	2			1	2	
Meine Mutter	**spielt**	gern Klavier.	**Und**	sie	**singt**	auch gern.
Am Freitag	**war**	ich in der Stadt	**und**	ich	**habe**	eingekauft.
Morgens	**trinkt**	er Kaffee,	**aber**	er	**isst**	nichts.
Am Abend	**liest**	sie einen Krimi,	**oder**	sie	**sieht**	eine DVD.
Heute	**lerne**	ich zu Hause,	**denn**	ich	**habe**	morgen einen Test.

規則動詞の三基本形

(**s.**) は完了形で **sein** を助動詞とする動詞
(***s./h.***) は完了形で **sein** と **haben** を助動詞とする動詞

不定詞		過去基本形	過去分詞
angeln	魚釣りをする	angelte	geangelt
antworten	答える	antwortete	geantwortet
arbeiten	働く、仕事をする、勉強する	arbeitete	gearbeitet
auf|machen	開ける	machte ... auf	aufgemacht
auf|räumen	かたづける	räumte ... auf	aufgeräumt
benutzen	使う	benutzte	benutzt
besichtigen	見学する	besichtigte	besichtigt
bestellen	注文する	bestellte	bestellt
besuchen	訪問する、出席する	besuchte	besucht
bezahlen	支払う	bezahlte	bezahlt
brauchen	必要とする	brauchte	gebraucht
buchstabieren	つづりを言う	buchstabierte	buchstabiert
chatten	チャットする	chattete	gechattet
dauern	時間がかかる	dauerte	gedauert
ein|kaufen	買い物をする	kaufte ... ein	eingekauft
fotografieren	写真を撮る	fotografierte	fotografiert
fragen	尋ねる、質問をする	fragte	gefragt
freuen	喜ばせる	freute	gefreut
frühstücken	朝食をとる	frühstückte	gefrühstückt
gehören	属している	gehörte	gehört
glauben	思う、信じる	glaubte	geglaubt
grillen	グリルする、バーベキューする	grillte	gegrillt
hängen	掛ける	hängte	gehängt
hoffen	望む	hoffte	gehofft
holen	行って持って来る	holte	geholt
hören	聞く	hörte	gehört
interessieren	興味を起こさせる	interessierte	interessiert
jobben	アルバイトをする	jobbte	gejobbt
joggen (*s./h.*)	ジョギングする	joggte	gejoggt
kaufen	買う	kaufte	gekauft
kennen|lernen	知り合う、知るようになる	lernte ... kennen	kennengelernt
kochen	料理する	kochte	gekocht
komponieren	作曲する	komponierte	komponiert
kosten	値段が…である	kostete	gekostet
legen	横にして置く	legte	gelegt
lernen	習う、学ぶ、勉強する	lernte	gelernt

machen	する	machte	gemacht
planen	計画する	plante	geplant
putzen	掃除する	putzte	geputzt
rauchen	煙草を吸う	rauchte	geraucht
regnen	雨が降る	regnete	geregnet
reisen (*s.*)	旅行する	reiste	gereist
sagen	言う	sagte	gesagt
setzen	座らせる、置く	setzte	gesetzt
spielen	（球技・ゲーム等を）する、弾く	spielte	gespielt
spülen	すすぐ	spülte	gespült
stellen	立てる、立てて置く	stellte	gestellt
studieren	大学で学ぶ、研究する	studierte	studiert
suchen	探す	suchte	gesucht
surfen (*s./h.*)	サーフィンをする	surfte	gesurft
tanzen	踊る	tanzte	getanzt
telefonieren	電話で話をする	telefonierte	telefoniert
üben	練習する	übte	geübt
unterrichten	授業をする	unterrichtete	unterrichtet
verdienen	稼ぐ	verdiente	verdient
verpassen	乗り遅れる	verpasste	verpasst
wählen	選ぶ	wählte	gewählt
wandern (*s.*)	ハイキングをする	wanderte	gewandert
warten	待つ	wartete	gewartet
wohnen	住む	wohnte	gewohnt
wünschen	願う	wünschte	gewünscht
zahlen	支払う	zahlte	gezahlt
zeigen	見せる	zeigte	gezeigt
zelten	テントに泊まる	zeltete	gezeltet
zu|machen	閉める	machte ... zu	zugemacht

不規則変化動詞

不定詞		不規則な現在形	過去基本形	過去分詞
動詞・助動詞				
haben	持つ	du hast, er hat	hatte	gehabt
sein (*s.*)	である	ich bin, du bist, er ist, wir sind, ihr seid, sie/Sie sind	war	gewesen
werden (*s.*)	なる	du wirst, er wird	wurde	geworden/ worden

話法の助動詞				
können	…できる	ich/er kann, du kannst	konnte	gekonnt/ können
mögen	(…が) 好きだ	ich/er mag, du magst	mochte	gemocht mögen
müssen	…しなければならない	ich/er muss, du musst	musste	gemusst/ müssen
wollen	…するつもりだ	ich/er will, du willst	wollte	gewollt/ wollen
混合変化動詞				
bringen	持ってくる		brachte	gebracht
denken	考える		dachte	gedacht
kennen	知っている		kannte	gekannt
verbringen	過ごす		verbrachte	verbracht
vor|haben	予定している	du hast ... vor, er hat ... vor	hatte ... vor	vorgehabt
wissen	知っている	ich/er weiß, du weißt	wusste	gewusst
ab|reißen	もぎ取る		riss ... ab	abgerissen
an|fangen	始まる、始める	du fängst ..an, er fängt ... an	fing ... an	angefangen
an|geben	述べる、挙げる	du gibst ... an, er gibt ... an	gab ... an	angegeben
an|rufen	電話をかける		rief ... an	angerufen
auf|stehen (*s.*)	起きる		stand ... auf	aufgestanden
aus|geben	支出する	du gibst ... aus, er gibt ... aus	gab ... aus	ausgegeben
aus|gehen (*s.*)	出かける		ging ... aus	ausgegangen
aus|schlafen	ぐっすり眠る	du schläfst ... aus, er schläft ... aus	schlief ...aus	ausgeschlafen
aus|sehen	…のように見える	du siehst ... aus, er sieht ... aus	sah .. aus	ausgesehen
backen	焼く		backte	gebacken
beginnen	始まる		begann	begonnen
bekommen	手に入れる		bekam	bekommen
bestehen	…から成る		bestand	bestanden
bleiben (*s.*)	留まる		blieb	geblieben
erfinden	発明する	du erfindest, er erfindet	erfand	erfunden
essen	食べる	du/er isst	aß	gegessen
fahren (*s./h.*)	乗り物で行く	du fährst, er fährt	fuhr	gefahren

fern|sehen		du siehst ... fern, er sieht ... fern	sah ... fern	ferngesehen
finden	思う、見つける		fand	gefunden
fliegen (s.)	飛行機で行く		flog	geflogen
geben	与える	du gibst, er gibt	gab	gegeben
gehen (s.)	行く		ging	gegangen
genießen	楽しむ		genoss	genossen
hängen	掛かっている		hing	gehangen
heißen	…という名である		hieß	geheißen
helfen	助ける	du hilfst, er hilft	half	geholfen
kommen (s.)	来る		kam	gekommen
laufen (s.)	走る、歩く	du läufst, er läuft	lief	gelaufen
lesen	読む	du/er liest	las	gelesen
liegen	横たわる、ある		lag	gelegen
mit|nehmen	持っていく	du nimmst ... mit, er nimmt ... mit	nahm ... mit	mitgenommen
nehmen	取る	du nimmst, er nimmt	nahm	genommen
schlafen	眠る	du schläfst, er schläft	schlief	geschlafen
schreiben	書く		schrieb	geschrieben
schwimmen (s.)	泳ぐ		schwamm	geschwommen
sehen	見る	du siehst, er sieht	sah	gesehen
singen	歌う		sang	gesungen
sitzen	座っている		saß	gesessen
sprechen	話す	du sprichst, er spricht	sprach	gesprochen
statt|finden	開催される	er findet ... statt	fand ... statt	stattgefunden
stehen	立っている		stand	gestanden
teil|nehmen	参加する	du nimmst ... teil, er nimmt ... teil	nahm ... teil	teilgenommen
tragen	運ぶ、身につけている	du trägst, er trägt	trug	getragen
treiben	（スポーツを）行う		trieb	getrieben
treffen	会う	du triffst, er trifft	traf	getroffen
trinken	飲む		trank	getrunken
tun	する		tat	getan
vergessen	忘れる	du/er vergisst	vergaß	vergessen
verlieren	なくす、失う		verlor	verloren
verstehen	理解する		verstand	verstanden
waschen	洗う	du wäschst, er wäscht	wusch	gewaschen
zurück|kommen (s.)	帰って来る		kam ... zurück	zurückgekommen

INDEX

A

B

C

H

I

J

K

P

Q

R

S

Z

新・スツェーネン 1
場面で学ぶドイツ語

2022年2月20日　第1版発行
2024年2月29日　第8版発行

著　者　佐藤修子（さとう　しゅうこ）
下田恭子（しもだ　きょうこ）
岡崎朝美（おかざき　ともみ）
Gesa Oldehaver（ゲーザ・オルデハーフェル）
Daniel Arnold（ダニエル・アーノルド）
Thoralf Heinemann（トーラルフ・ハイネマン）

発行者　前田俊秀
発行所　株式会社　三修社
〒150-0001　東京都渋谷区神宮前2-2-22
TEL 03-3405-4511 ／ FAX 03-3405-4522
振替 00190-9-72758
https://www.sanshusha.co.jp
編集担当　永尾真理
D T P　株式会社欧友社
印刷・製本　日経印刷株式会社

ISBN978-4-384-12308-1 C1084

表紙デザイン　岩泉卓屋
表紙写真　KATSUHIRO YAMANASHI / SEBUN PHOTO
本文イラスト　九重加奈子
市川さとみ
阿部順子
表紙見返し
ドイツ地図作成　WESTERMANN

教室のドイツ語

Bitte sprechen Sie mir nach!
後に続いて言って下さい。

Antworten Sie bitte!
答えて下さい。

Bitte wiederholen Sie!
繰り返して下さい。

Haben Sie Fragen?
質問はありますか？

Bitte lesen Sie alle zusammen!
皆さん一緒に読んで下さい。

Hören Sie bitte gut zu!
よく聞いて下さい。

Schlagen Sie bitte das Buch auf Seite ... auf!
本の…ページを開いて下さい。

Sprechen Sie bitte lauter!
もっと大きな声で言って下さい。

Lesen Sie bitte vor!
声を出して読んで下さい。

Fragen Sie Ihre Nachbarin / Ihren Nachbarn!
隣の人に尋ねて下さい。